SHOCK EYEの強運思考

SHOCK EYE《ショックアイ》
湘南乃風

ダイヤモンド社

はじめに

成功を引き寄せる「強運思考」は、運気をアップさせたい人の生き方のヒントになるはずだ

僕は「湘南乃風」のメンバーとして音楽で世に出た。

レゲエミュージックを通じて出会った、RED RICE（以下、レッド）、若旦那、HAN-KUN（以下、ハンクン）、そして僕の4人は、切磋琢磨しながら自分たちの〝湘南乃風ミュージック〟を作り上げてきた。

いま僕は「歩くパワースポット」という呼び名でも、いろんな人に知ってもらえている。占い師のゲッターズ飯田さんがそう呼んでくれた日から、僕が強運の持ち主だというイメージが徐々に広がっていった。はじめの頃は、僕の写真をスマホの待ち受けにした人から、いいことがあったと報告があるたびに驚いた。

だけど、以前の僕は人より運が特別いいと思ったこともないし、人生が順風満帆だったわけでもない。

大名家直系、植村家に生まれた僕は、礼儀作法に厳しい両親に育てられた。1歳年上の兄や年の離れた弟より扱いが悪く、家の中に自分の居場所がないような感覚で毎日を過ごしていた。

小学校では問題児扱いされ、親から褒めてもらえるのは勉強で結果を出したときだけ。中高一貫の進学校に通っていたけど、誰かに呼ばれればケンカに飛び込んで、暴力事件がきっかけで高校2年のときに学校を自主退学することになった。

その後に音楽と出合う。得意だったわけじゃないから、周りから後れをとって、必死に食らいついていくしかなかった。デビュー後は、それまで味方だと思っていた人たちから「お前らがレゲエの代表みたいに思われるのは迷惑なんだ」「もっとちゃんとレゲエをやってくれよ」みたいなバッシングを一気に食らって、たくさんの痛みを味わった。

キツいこと、ツラいことに出合うたびに、僕は考えに考え、自分らしく行動し、全力で前に進んできた。考え抜いて動き続けた結果、ことあるごとに僕の人生は好転していった。

ただ単に「運がよかったからやってこられたんだろう」と思う人がいるかもしれないけど、僕がみんなから「歩くパワースポット」だと信じてもらえているのは、成功を引き寄せる「強運思考」があるからなのかもしれない。だとしたら、**僕の生き方や思考パターンは、運気をアップさせたいと思っている人にとっての生き方のヒントになるはずだ。**

それがこの本をみんなに届けようと思った理由だ。

世の中、「歩くパワースポット」だらけになったらすごくいい

「歩くパワースポット」と呼ばれるようになってからは、「運」について自分なりに考え続けている。会員制のインスタグラム「Shrinegram《シュライングラム》」で情報を発信し、参加者とつながる活動も始めた。期待してくれる人をがっかりさせたくないと思って、自分の行いや、発する言葉、作る音楽などを見つめ直し、呼び名に見合った生き方を心がけてもいる。

この本は、人生初の著書『歩くパワースポットと呼ばれた僕の大切にしている小さな習慣』（講談社、2019年）、2冊目『歩くパワースポットと呼ばれた僕の大切にしている運気アップの習慣』（講談社、2020年）に続く、僕にとって3冊目の本になる。

「運とは何なのか」「どうすれば運がよくなるのか」など、僕がこれまでに感じてきたことを前の2冊とは違った切り口でふんだんに書かせてもらった。

歩くパワースポットは究極的に、僕だけのものじゃなくて、世の中、歩くパワースポットだらけになったらすごくいいと思う。

運気をアップさせたい！　強運って手に入るの？

そう考えている人たちにとって、僕の「強運思考」が役に立つことを祈っている。

そして、読んだ人みんなが元気を与える人になって、人を幸せにできる人たちであふれたら、著者としてこの上ない喜びだ。

SHOCK EYEの強運思考　目次

序章

「運」について、僕なりに真剣に考えてみた

第1章

強運思考は、自分が持っている「軸」で決まる

第2章
強運思考は、幸せを呼び込むシステムである

第3章

強運思考は、不正解を正解に変えるエネルギーになる

第４章

強運思考は、自分を認めて走り続けることで磨かれる

付録イラスト●President KUMA / Shutterstock

SPECIAL THANKS

湘南乃風

RED RICE

若旦那

HAN-KUN

親愛なるファンのみんな

STAFF

装丁／口絵
鈴木大輔（ソウルデザイン）

カバー写真／口絵
菊地英二

本文デザイン
大谷昌稔

ヘア＆メイク
大島千穂

スタイリング
渕上カン

取材協力
野友寛之（テレビ朝日ミュージック）
加藤菜月（テレビ朝日ミュージック）

編集協力
澤井一

序章

「運」について、僕なりに真剣に考えてみた

ある日、「歩くパワースポット」と呼ばれた。それまで「運」についで考えたことがまったくなかったけど、「運」って自分の考え方次第。どうとらえるかが大事なんだと思う。

まず「自分は運がいい」と思うことが大事

僕が「歩くパワースポット」と呼ばれ出したのは、いまから10年くらい前だ。

湘南乃風のリーダー、レッドがレギュラー出演していたニコニコ動画の番組で「当たるっていう占い師さんが来るから、占ってもらおう」ということになった。

当時、ゲッターズ飯田さんはまだ知られた存在ではなかったけど、僕は自分のことを占ってもらうのが初めてだったから、なんとなくうれしかったのを覚えている。

「ショックアイさんは選ぶ道が常にベストな人。運のステージが人と違います」

ゲッターズ飯田さんからはそんな感じのことを言われた。

他の出演者はみんな、開運のヒントをもらっていたけど、僕だけ何もアドバイスをしてもらえなかった。

アドバイスがまったくいらないくらい運がいいということらしい。これはすごい。僕は、ゲッターズ飯田さんから言われた**「歩くパワースポット」という言葉を「自分のお守り」にしよう**と思った。

その日のうちに、占いの結果を友人でもある俳優の平岡祐太くんに話したら「ご利《り》益《やく》がありそうだから」と、彼は僕の写真をケータイの待ち受けにしてくれた。すると、それからしばらくして平岡くんに大きな仕事が舞い込んだそうで「ご利益があった」と連絡が来た。


それから3〜4年の間に「ショックアイの写真を待ち受けにすると運気がアップするらしい」という噂とともに、「歩くパワースポット」という呼び名が、僕の知らないところでじわじわ広まっていった。

友達のつてで出会った相手や、仕事で一緒になったタレントさんやモデルさんから、「私たちの周りではその噂が流れている」「待ち受けにしたいので、一緒に写真を撮ってください」と言われるようになった。

自分の知らないところで、噂が広まっていたことに正直びっくりした。友達から「この前、銀座で飲んでたら、クラブのママやホステスさんが、ショックの写真を待ち受けにしてたよ」という話も聞いた。

「歩くパワースポット」として僕を頼ってくれるみんなを、がっかりさせないために「これはちゃんとしなきゃ」と思った。この状況を幸せなものにするには、**自分の行動や発言を見直しながら、人の背中を押せるようになるほかない。**

僕は手始めに全国各地の神社に行き始めた。当時は湘南乃風の「風伝説 第二章 〜雑巾野郎 ボロボロ一番星TOUR2015〜」のさなかだったので、ツアー先で地元の神社に行かせてもらった。ツアーが始まる前には、いままで家になかった神棚を買って自宅にまつった。

ゲッターズ飯田さんに占ってもらう前は、「運の強さ」を意識したことは正直なかった。

デビュー前のパチスロや麻雀をよくやっていた頃、引きの強さを感じることはあったけど、運の善しあしよりも「場の流れ」みたいなものを意識するタイプだった。

でも、これまで数万人も占ってきたゲッターズ飯田さんの占いで、当たりが3つくらいあるルーレットのボタンをポチッと押したら僕のところに止まった。数万分の一の確率、これは間違いなく「運」だ。

考えてみると、たとえば宝くじに当たったとしても、そのお金を使って人生をよりよくしていくのか、お金の使い方を間違えて身を滅ぼすのかはその人次第だ。

世界一周旅行の権利を手に入れて「いろんなものを吸収しよう」と思うのか、「行かなきゃいけないの？　仕事どうしよう」って思うのかも、その人のとらえかたひとつだ。

もっと言うなら、この世に生まれたのだって、運だ。「素晴らしい人生だった」となるのか、「こんな家に生まれなきゃよかった」となるのかは生き方次第だろう。

起きたことを運でとらえるのではなく、僕は「目の前で起きたことは、起こるべくして起こったことだ」と考える。

目の前の出来事に、幸運と不運があるわけではなくて、運がいいのか不運なのかは自分で決めればいい。そもそも幸運も不運もなく、すべては自分のとらえ方でポジティブになっていく。そう気づいたときに、運が味方してくれる。

「身の回りで起きることは、すべて必要なことなんだ」
「自分はここにいるべくしているし、起こるべくして起こることが起きただけだ」
「そこには何かメッセージがあり、それを受け取るのが自分の役目なんだ」

そう思えれば、「なるほどね、今回はこういう球か。どういうふうに打ち返そうかな」ってポジティブにとらえられる。それが運をよくする秘訣だ。

運がいいと思えるように変換する能力を高めていくと、何が起きても「見方を変えれば運がいい」って思えるようになる。

そう考えられると、運が見えてくる。見え方はその都度違うから、運をつかむための「これ」っていう必殺技はない。運をつかみにいくこともできない。うまくポジティブに変換できたときの行いを、その後もただ心がけて生きていく。

そういう思考をするには、何が起きても「自分は運がいい」と思うことが大事だ。

目の前のことをポジティブにとらえて、「自分は運がいい」って思いながら毎日を過ごしていると、振り返ったときに自分は幸運だったと思えるはずだ。

強運思考ポイント
何が起きても「見方を変えれば運がいい」と考える

瞬間瞬間を大切にすれば、幸運を引き寄せられる

日頃の出来事とは別に、そもそも、

「自分は幸運な人生なのか、それとも不幸な星の下に生まれたのか」

そんなことが気になる人もいるだろう。

幸運を引き寄せたいなら、運が味方することに期待したり、不幸を恐れて夢をあきらめたりしないほうがいい。

何事も運でとらえていると、常に「幸運なのか不運なのか」と、天秤にかけて考えなければいけなくなる。**僕は何が起きても、それが幸運なのか不運なのかの答え合わせはすぐにしない。**

何をもって「運がいい」とするかは、人によってまちまちだ。

突き詰めて考えれば、この時代の日本に生を受けた時点で、僕たちはじゅうぶん運がいい。戦国時代だったら20〜30年しか生きられなかったかもしれない。戦時中に生まれていたら、食べる物に困っていただろう。そう考えて幸運をかみしめれば、自分の現状を前向きにとらえられる。

どんな状況でもポジティブにとらえて「運が向いてきている!」と思うのが、幸運を引き寄せるコツだ。

「歩くパワースポット」と呼ばれたことを、僕は「幸運な出来事」だと受け止めている。

アーティストとしての僕に期待してくれている人からしたら、僕が音楽以外の活動に時間を割くのをついてないなと思う人もいるかもしれない。けれども、神社をめぐったり、人の背中を押したりすることにとてもやりがいを感じている。

役目を与えられるのもある種の運だ。

与えられた役目を軽く扱えば、心にモヤモヤしたものが残るけど、まっとうしていけば誇りが芽生え、自己肯定感が高まる。

少年時代や音楽を始めた頃、たくさんのもどかしさを味わってきた僕は、承認欲求や負けん気をエネルギーに変えてきた。以前、見た映画『鬼滅の刃』に登場する煉獄《れんごく》杏寿郎《きょうじゅろう》は、父親に認められずとも一途に技を磨いていた。その彼が命がけで、弱き者のために自分のすべてを出し切る姿は、とても共感する。

いま僕は、自分なりの解釈や成長の道筋を発信し続けながら、新鮮な気持ちで「歩くパワースポット」という「役目」と向き合っている。「いつもニコニコしていてハッピーな波動を漂わせる」という感じだけでなく、**「自分を頼ってくれた相手に、ドーンとエネルギーや熱を入れる」、そんな存在になりたい。**

この毎日が嘘になってしまわないように、ちゃんとした人間でありたい。

前に進み、しばらくたって振り返ったときに「これでよかった」と思えればいい。何が起きても「これは幸運なのか不運なのか」なんて、すぐに答え合わせはせず、僕は目の前で起きることを前向きにとらえている。

心が弾む出会いが、何十年か先に「あのとき出会わなければ……」に変わることだってある。「あの出会いは幸運だった」にするために、僕は瞬間瞬間を大切にする。すべての瞬間を大事にしながら行動できれば、幸運は引き寄せられるのだから。

強運思考ポイント

「これは幸運なのか不運なのか」と、答え合わせはしない

夢をかなえ続ける人、それが強運の持ち主

夢がかなったときに「運がよかった！」って感じる人もいると思う。

でも、どんな大きな夢がかなったからといって、それが人生のゴールになるとは限らない。運を引き寄せる生き方をしている人だったら、さらに前に進んでいくものだ。

夢って一回きりで終わりじゃない。夢をかなえたら、また次の夢に向かって突き進んで、何度も何度も夢をかなえ続けたい。それでいい。

大きな夢をひとつかなえたからって、強運とは言えないと思う。「夢をかなえられる人」と「運が強い人」はまったく違うものだ。宝くじで何億円ゲットしたとか、株式投資で一発当てたとか、そんな一回限りの偶然も違う。

僕ら湘南乃風がデビューできたことや、オリコンで1位になれたことは、運よく夢がかなったと言えるかもしれない。だけど、それで夢は終わりじゃないし、その程度

では強運だったということにはならない。

大きい、小さいにかかわらず、一回限りでなく死ぬまで夢をかなえ続けて、自分自身が幸せを感じる人生を送る。その結果、世の中に貢献し、人に幸せを与える存在になる。僕が考える「強運の持ち主」はそういう人たちだ。

たとえば、松下幸之助さんや本田宗一郎さん。

百田尚樹さんの小説『海賊とよばれた男』で、主人公のモデルになった出光佐三さん。

昭和期に政財界の有力者たちに影響を与えた中村天風さん。

運の引き寄せに必要なポジティブ変換は、彼らにとってはごく自然なことだっただろう。

- **何が起きても打開策を探して道を切り拓く**
- **トライアンドエラーを繰り返して前に進み続ける**

- **どんなに大変な状況でも信念がブレない**
- **人並み外れてアクティブに行動する**
- **ちょっとやそっとではへこたれない**
- **他の人が到達できない高みに上り詰める**

こういうタイプの人たちは、自分を不運だなんて少しも思わない。
だから運が彼らに味方する。

一度きりではなく、生涯をかけて何度も夢をかなえ続けて高みを目指す。
そういう生き方を目指せば、強運の持ち主になれる。

強運思考ポイント

夢は一回きりで終わりじゃない。何度もかなえ続けて高みを目指す

「思い通りにならないのが当たり前」と考えると、運が味方する

「自分には運がない」と悩んでいる人から相談を受けることがある。話を聞くと、起こった出来事を悲観的にとらえ過ぎている場合が多い。

生きていれば、それなりにツラい目にあう。

その経験を糧《かて》にして成長できれば「あの出来事があったおかげだ」と、自分に起きたことを幸運だったと思える。出来事をポジティブにとらえられる人は、常にそうやって思考している。

その逆に、悲観的にとらえてふさぎ込めば、成長や成功は見込めない。次に似たようなことが起きても「またか」と思うだけだ。貧乏くじを引くたびに「やっぱりな」と下を向き、気力もなえていく。同じ出来事を前にして、前向きにとらえるか、悲観

的にとらえるかで、その後の行動は180度変わってくる。

僕自身は、運が悪い人生だったなんて少しも思っていない。苦しみや葛藤をエネルギーに変えて、前に進むことしか頭になかったから。

他の人ならなんでもないような、たとえば「昨日はよく眠れなかったな」「最近食生活が乱れているな」みたいなことまで運のせいにすると、「運が悪い自分」から抜け出せなくなってしまう。なんでも「運が悪かったから」で片付けて、見て見ぬふりをしていると、運から見放されていく。

目の前の出来事をポジティブに変換できれば、幸運を引き寄せられる。運をよくする思考が苦手なせいで、不運と感じてふさぎ込むのはもったいない。

まずは「自分は運がいい」と思うようにして、ネガティブの連鎖を断ち切る！　それが運気を上昇させていく第一歩になる。

そして、物事がうまく転がり出したときほど、興奮し過ぎないように気を付ける。湘南乃風のメンバーとは、デビューした頃に「調子に乗るのはダサい」って話をよくしていた。好調なときほど謙虚でいることが大切だ。その気持ちはずっと変わらない。

イヤなことがあったときは「大丈夫、大丈夫」と心の中で繰り返して、落ち着きを取り戻す。そして目の前のネガティブな事柄を、ポジティブに変換していく。

そうやってバランスを取りながら、思考や精神状態を安定させられれば、心の揺らぎが消える。あとは自分の望む方向に進んでいくだけだ。

人生が思い通りにならず「なんて運が悪いんだろう」って思っている人もいるかもしれない。

でも、なんでも思い通りにいく人生なんてちっとも面白くない。

すべて自分の思い通りになって、黙っていても目の前に食べ物が運ばれてきて……。

それが当たり前になった先には、虚無しか待ってないんじゃないかな。最初から攻略法が全部わかっているロールプレイングゲームみたいな、そんな無味無臭の人生はものすごく退屈だ。

「人生なんて思い通りにならないのが当たり前。
思い通りにならないからこそ人生は楽しい！」

僕はそんなふうに考えている。

そう思えた瞬間に人生は変わり始める。

ツラいことがあっても不運だなんて思う必要はない。違う角度からとらえて「自分は運がいい」と思うようにすればいい。

こういう考え方で生きているから、運が味方してくれるのだろう。

強運思考ポイント

苦しみや葛藤をエネルギーに変えて、ポジティブに変換していく

どう転んでも「運がいい」と言える思考パターンに変える

ここまで言っても、人間はすぐに思考パターンを変えられないものだ。
僕自身、どう転んだとしても、「自分は運がいい」と思えるような方法を実践してきた。それを紹介しよう。

うまくいった場合だけでなく、うまくいかなかった場合のその後も細かい部分までイメージしてから行動する。たったこれだけだ。

うまくいった場合は何の問題もない。その先にある望んだ未来に進んでいけばいい。
うまくいかなかった場合は、「これも想定のうち」と考えて現実を受け止め、用意した2つ目のプラン通りに淡々と行動する。ちょっとくらいは「ツイてなかったな」

と思うかもしれないけど後悔は引きずらない。

僕はどちらかというと、うまくいかなかった場合のプランを重視する。そうすると、うまくいった場合には「やったね！」っていう喜びを強く感じられる。うまくいかなかったときも、ダメージは広がらないし安心していられる。心を穏やかに保っていられれば、マイナスからの出発にならずに済む。

この思考法は、僕が湘南乃風でプロデビューを目指すときにも役立った。デビュー前に僕は、後に妻となる彼女からこう言われた。

「もし音楽で夢がかなわなかったら、2人でマンションの管理人になろう」

「それも悪くないな」と思えて、僕は気持ちを穏やかに保てた。どうせなら、海のそばのマンションの管理人になってサーフィンをしたり、大きな犬を飼ったりするなど、デビューできなかった場合を具体的にイメージできたことで、自分にとって大切な

「音楽で食べていきたい！」という夢も、それまで以上に輪郭がくっきりしたものになった。

ダメだったらマンションの管理人になるという選択肢があったおかげで、僕は「うまくいかなかったらどうしよう」とあわてずに済み、音楽活動に没頭できた。あの頃、仕事を増やして生活を支えてくれた妻に、心から感謝している。

うまくいった場合とうまくいかなかった場合、2つの選択肢があれば、変にあせって判断を誤ることがない。悲観的になるリスクも下がるから「自分は運がいい」と信じて前に進んでいける。

強運思考ポイント

うまくいかなかった場合のプランも用意すると、自分を信じて前に進める

常に自分を高めておけば、道は開ける

「幸運をつかむ」という表現があるから、幸運はつかめるものだと思っている人は多いだろう。でも僕の考えは違う。

手を伸ばしたって幸運はつかめない。

「幸運をつかみに行かない」というのが僕のポリシーだ。

でも、何もせずに待っているだけでは、幸運をものにできない。

スキルを磨き、前向きに行動していた人の前にのみ、パーンと道が開ける。

僕は中学時代、サッカー部に所属していた。

試合をしていると、こぼれ球が転がってくることがある。日頃から練習していれば、そのボールをコントロールしてシュートが打てる。逆に、日頃の鍛錬がなかったら、絶対にシュートを決められない。

日本代表の試合で、本田圭佑選手がすごいフリーキックを決めた試合があった。

フリーキックを決めるためには、運が必要だと言う人がいるけれど、チャンスをものにするために本田選手はとんでもない量の練習を積んでいる。

運がいいだけで成功したのではなく、決められたのは本田選手が準備をしていたからだ。**運と努力が合わさった瞬間に奇跡が起きる。**

ただ、かみ合う瞬間は計算できないから、奇跡は簡単には起こらない。両者をものにできたときに、素晴らしい結果が出る。

「運命の人にめぐり合うにはどうすればいいですか?」

そんな質問をされることがある。

それって「試合中にどこで待っていればいいボールが転がってきますか?」みたいな話だと思う。試合中に流れを読んで、チャンスに備えることはできるけど、「どこでボールを待っていればいいか」は練習のしようがない。

それと同じように、「運命の人にめぐり合うスキル」も磨きようがない。

でも、気になる人が現れたときに、その人に認めてもらえるように自分を磨いて、人間としての素晴らしさを高める努力なら日頃からできる。**どんなチャンスが来てもいいように、常に自分を高めておけば運命をものにできる。**


それは恋愛やサッカーに限った話ではない。

湘南乃風としてプロデビューする際、僕たちは出会ったばかりのスタッフから「4人の曲はないの？　じゃあ一緒に作ってみれば？」と、4人で作る初めてのオリジナル曲の制作を提案された。それぞれソロで活動していた僕らは、そんなことを言われるなんて想像していなかった。

レゲエの曲作りは、トラックメーカーが作った伴奏に、自分で作ったメロディーと歌詞を乗せることが多い。僕らも、そういう作り方しかしてこなかったから、伴奏から全部オリジナルで作るのは容易ではなかった。その場にいたエンジニアに無理を言ってキーボードで弾いてもらい、デモ音源を作ったのを鮮明に覚えている。

こうして作られたのが、湘南乃風の1stアルバムに収録されている『Real

Riders』だ。

「俺たち大丈夫だ！」

出来上がったデモ音源を聞いて、僕はそう確信した。

プロとしてやっていけるだろうかという不安が消え、目の前にパーンと道が開けた。後で聞いた話だけど、他のメンバーも同じ感覚だったようだ。**その瞬間に、みんなの意識が未来の自分たちにつながった。**

積み重ねてきた努力を「点」にたとえるなら、僕らはそれを鉛筆でなぞり続けて「より濃い点」にしてきたんだと思う。濃くなった「点」は確固たるものとなり、消しゴムを使っても簡単には消せなくなる。「4人で歌を作ってごらんよ」という言葉をもらい、エンジニアが協力してくれたことで、**4つの濃い点が一気にポンッと反応を起こし、点と点がつながって線になり、さらに広がって面になった。**

流れみたいなものは感じられたとしても、そういう反応を意図的に起こすことはできない。ただそれをつかめるかどうか――、その瞬間、それに耐えうる自分たちのスキル、体力、それに見合う実力みたいなものを僕らが持っていたから、僕らは『Ｒｅａｌ　Ｒｉｄｅｒｓ』を生み出せた。

「歩くパワースポット」としてメディアに出ていく覚悟を決めたときも、いくつかの偶然が重なった。

２０１８年秋、三重県を訪れた僕は、「みちひらきの大神」として知られる猿田彦神社にお参りをした。その直後に、「歩くパワースポット」としてテレビに出演してほしいという依頼の電話が入った。

自分の「点」をより濃い点にしていくなかで、「みちひらきの大神」をお参りした直後に連絡が来たことに縁を感じて、そしていろいろな流れのなかで確信めいたものがあったから「出なきゃ」と思えた。その先のことは飛び込んでから考えようと思った。このときの感覚は『Ｒｅａｌ　Ｒｉｄｅｒｓ』ができたときに近かった。

鍛錬や準備を重ねてきたから、僕はその奇跡的な瞬間に対応できた。

目の前に開けた道を進んで、そこで起こる出来事を前向きにとらえていけば、幸運を感じられる。

強運思考ポイント

スキルを磨き、前向きに行動していた人の前にチャンスは訪れる

第1章

強運思考は、自分が持っている「軸」で決まる

思考にブレがない。一貫性がある。過去から現在、そして未来においても変わらない軸がある。自分に強い軸や信念があるから、迷うことなく自分を正しい方向へ導いていける。

けじめをつけて、勇気を持って飛び込む！

自分の人生を変える出来事に、これまでいくつ出合えたのだろうか。この先、どれくらい出合えるのだろうか。

僕の人生の転換期を振り返ると、決まってある行動を取ってきた。

「勇気を持って飛び込む。痛みや怖さを伴うかもしれないけど、とにかく飛び込んでみる」

僕は、普通の人が飛び込まないところに飛び込むような生き方に美学を感じる。

飛び込んだ先にはたいてい難題が待っている。それを解決して前に進めば、自分を成長させられる。

2つのエピソードを紹介したいと思う。

ケンカ　のち　音楽

通っていた中高一貫の進学校を退学してから数か月後、高校を退学した友達と一緒に都内の大検（現・高卒認定）予備校に通うことにした。

ところが登校初日に、友達が強くもないのにいきがってケンカを始めた。僕は友達を助けようと加勢した。相手は細身だけど身長185センチはあろうかという2歳年上の男で、2人で相手をしても思いのほか強かった。ケンカが始まってすぐに、友達が腕を骨折してしまい、気が付けば僕とそいつの1対1になっていた。

「自分が始めたケンカじゃないのに……」

ギャラリーに囲まれるなかで、頭をつかまれ、教室のドアにガンガン叩きつけられて一気に気持ちが冷めた。

「何をやってるんだ俺は……。ここで心を改めると決めたのに」

一方的にやられて意気消沈した。


トイレの手洗い場で鼻血を拭いた後、休憩所で座ってたら、「派手にやってたね」と、一人の男から声をかけられた。

「やっちゃったな……」

「林」と名乗ったその人物も、ケンカで大けがをしたのをきっかけに、大検で自分を変えようとしているという。林のあごにはギプスがついていた。

身の上話をしていると、林は同級生で、共通の友達が何人かいた。いきがることもなく、僕は自分と似たようなヤツに出会えた気がしてうれしかった。

やがて、林がヒップホップのＤＪをやっていることがわかった。

僕の周りでは誰も音楽をやってなかったから、第一印象は「何それ?」。でも、「新しい!」と思えたから、すぐに引き込まれた。

これが僕と音楽の出合いだ。僕はまったく知らなかったヒップホップの世界に飛び込んだ。

小さいころからケンカばかりしていたけど、ケンカをしていなかったら、音楽とは出合っていない。**ようやく音楽にたどりついたその道のりは、だいぶ遠回りだったけど、結果オーライだ。**

たまたま出合えた音楽だったとはいえ、僕は力の限りしがみついて夢中になった。そのときの僕は、何かと向き合う必死さとか、あきらめない熱さみたいなものを自分自身に欲していたのだと思う。

「2週間後、ジャマイカに一緒に行く?」

大検を取ってから建築系の短大に入るまで、僕は鎌倉の実家で引きこもりのような毎日を送っていた時期があった。そんなときに声をかけてくれたのが、横浜が拠点のレゲエグループ「INFINITY16」の創設メンバーで、同級生でもあるTELA—C(以下、テラシー)だった。

テラシーとの出会いは中学1年。テラシーもまた、僕と同じ暴力事件に関わったことで高校を退学した一人で、中学3年くらいからよくつるんでいた。渋谷にある牛丼屋の店内で、2人一緒にピアスの穴を開けたのを覚えている。

退学後しばらくは、たまに連絡を取り合う程度だったけど、成人式の日に、テラシーが同級生を集めて企画したパーティーに誘われた。鎌倉住まいの僕が横浜の連中が集まるパーティーに参加するのは気が進まなかったけど、テラシーの誘いだったから飛び込んだ。

「一緒にジャマイカに行かない？」

すでにレゲエに本腰を入れ、積極的に活動していたテラシーから、そんな誘いを受けたのは成人式のパーティーから少し後だ。「いますぐチケットを取って、どう動くか決めないと」みたいな感じで、準備期間が2週間しかないギリギリのタイミングでの誘いだった。現地には3週間滞在するという。

パーティーより以前に、一度だけテラシーから声をかけられて、歌い手としてレゲエのパフォーマンスをしたことはあったけど、結果は散々だったし、別にレゲエは好きじゃなかった。
だけど、僕は「行かなきゃ！」と感じ、ジャマイカ行きを即決した。
僕はそれまでの自分を捨て去りたかった。

16歳からDJのために買い込んできたヒップホップのレコード約2000枚を売り払ったお金と、アルバイト代で、15万円のオープンチケットを買って、残った10万円を握りしめて僕はジャマイカへ飛んだ。レゲエ好きでもないのに、いきなりジャマイカに行くなんて、いま考えるとヤバいやつだなって思う。「ナメられたくない」「バカにされたくない」って気持ちもあったかもしれない。
でも、ジャマイカに飛び込んだおかげで、僕はレゲエの魅力にハマり、その後の行動が湘南乃風へとつながっていった。

この2つのエピソードに共通するのは、自分が予期したわけではないのに、「どう？やってみる？」というふうに、突然、挑戦権を与えられ、「やります！」と宣言したところ。また、進めるにあたって、それまでの自分にけじめをつけたところ。

知らない世界に飛び込むと、失敗して恥をかき、心にダメージを負うこともある。右も左もわからずに飛び込んでみて、「違うな」と感じたら引き返したっていい。でも、チャレンジを続けていると小さな成功体験を積み上げられる。誰かから認めてもらえるとか、ちょっとうまくいったとか、それがシンプルにうれしいし、続けていく理由になる。

未知の領域に足を突っ込むのは、痛みを伴うかもしれないけど、自分の経験では想像を超えるような痛みだったことはない。

「挑戦する勇気」と「捨てる覚悟」があればなんとでもなる。後先は考えない。「あ、試されている?」と少しでも感じたら、勇気を持って飛び込んでほしい。それまでとは違う自分になれるから。

強運思考ポイント

勇気と覚悟があれば、新しい自分に出会える

いつだってフェアでいたい！

「いつだってフェアでいたい」

僕はそんなふうに考えている。同じような気持ちの人も多いんじゃないかな。だけど自分の扱いが悪かったり、対等でいたい相手から軽んじられてイヤな思いをしたり……、そんなこともあるだろう。自分だけが「フェアでいたい」って思っていても、周りがそれを簡単に許してくれない。

誰かと競争している間は「負けたくないんだ！」って気持ちが強い。

「勝ちたい」よりも「負けたくない」が先に立つ。

積極的に勝ちに行くよりも、コツコツと自分の中にあるエネルギーをぶつけ続け、「負けてたまるか！」と思って勝負するのが自分らしい。

勝負に勝って誰かの上に立ちたいわけではない。この感覚は、僕が周りと「フェアでいたい」と思っていることにつながっている。

フェアでいるために努力は欠かせない

「フェアでいたい」という思いは、有名大学に入って一流企業に就職する、みたいな生き方からドロップアウトした僕が、自分自身を肯定して前に進んでいくために必要な考え方だった。

フェアでいたいと考えているから、何かと比較して「自分のほうが勝っている」とか、「自分のほうが下だ」みたいな感覚は好きじゃない。だから、「勝ち組、負け組」みたいな考え方にはならない。

だけど相手に負けている状態で、相手に「フェアでいようぜ」って言うと、負け惜しみみたいになってしまう。それは絶対にイヤだった。

相手とフェアでいるには、納得できる結果を出したうえで「勝ち負けなんてないんだよ」って声をかけたい。裕福じゃない人が「世の中お金じゃない」って言っても説得力がなく、ただのひがみに聞こえてしまうけど、成功を収めて社会的に尊敬されている人が同じように言ったら納得できる……、そんな感じって言えばわかってもらえるだろうか。

だから、**僕の「フェアでいたい」は、「じゅうぶんな結果を出してから」っていう考えになる。**

湘南乃風のメンバーとも基本的にフェアでいたい。

でも、僕たち4人は何かと比較されてきた。

そういう世界だから当然なんだけど、誰が人気があるとか、誰の歌がいいとか、ものすごく比較されるなかで、みんな個々に努力してきた。

デビュー当初、湘南乃風で活動するなかで、僕は写真撮影の立ち位置が常に後ろだったり、テレビでも抜かれる映像が少なかったりした。自分がセンターになりたいわけではなかったけど、順繰りに光が当たるのが「フェア」だと思っていたから、僕は「フェアに扱ってほしい」「僕の気持ちをくんでくれたらいいのにな」って思っていた。

でも音楽の世界は実力社会だし、グループ内での役割や、それぞれのキャラクターを考えると、順繰りじゃないのは当然だった。

「あぁ、フェアじゃないんだな、世の中って」と思ったけど、いつからか一人ひとりが自分の役割をまっとうして、4人が4人ともスーパーだって思われるのを目指して頑張っている。

昔は、努力が形になっていないのに「フェアでいたい」って言っていたから、周りからは足を引っ張っているとか、負け惜しみだって思われていたかもしれない。でも、いまは違う。**相手に負けないくらい頑張って自分に自信を持てたときに、相手とフェアになれる**と思っている。

自分をフェアな立場に置くことができれば、誰かの言動に流されたり、いちいち振り回されたりすることがなくなる。相手をうらやむこともないし、卑下することもない。運はそんな平静な状態にこそ、やってくるものだ。

強運思考ポイント

勝ちでも負けでもない。相手をうらやむことも、卑下することもない

なぜ、「約束」を守ることに命がけなのか？

ゴールを目がけて走っていくために、みんなは何を大事にしているのだろうか。

僕は「約束」を大切にしている。これまでに交わしたいくつかの約束が、僕の人生にいい影響をもたらしてくれたから、そう思えるようになった。

大検を取った後、音楽活動に反対していた父親に対して、「二級建築士の資格を取ったら二度と口出ししない」と約束してもらった。いい成績を取ったときに褒めてくれる以外は、僕のやることなすこと全部に反対していた父親だったけど、資格を取ったら本当に何も言わなくなった。約束を守ってくれたことに男気を感じている。父が約束を守ってくれたから僕は人生を前に進められた。

デビュー前、24歳のときに、「26歳までデビューできなかったら、音楽をやめる」という約束を、結婚前の妻と交わした。そこから1年半、僕はアルバイトを辞めて音楽だけに打ち込んで、期限内に湘南乃風でデビューを果たした。

「26歳まで」っていう約束をしたことで、ダラダラすることがなくなって全力で走れた。

約束の代わりに、目標という言葉を使ってもいいのかもしれない。

でも、目標は「とりあえず」でも立てられる感じがするし、達成できなくてもまた次があるような、ちょっと曖昧な印象がある。

でも、**約束の場合は「守らなきゃ！」って気分になる。**

人との約束も大事だけど、自分との約束はもっと大事だ。自分との約束は、やり切

らないと気が済まない。曲作りをしていて「ここまで作る」って決めたら、深夜になってもやり続ける。自分と約束をしておくと「今日はいいや」っていうことにならない。

できない約束はしたくない。約束したら僕は絶対に守る。

また、みんなの前で自分が約束したら、それを守るために必死な思いで毎日行動した。その頑張りが伝わり、みんなの士気が上がってうまくいったとか、思わぬ効果ももたらしてくれる。

僕にとって約束は重みのあるもの。「命がけ」とまで言ったら大げさかもしれないけど、それに近いくらい、めちゃくちゃ大事なことだと考えている。**約束を守れば自分に自信を持てる。思考やマインドをポジティブに保てるから、運と正面から向き合える。**

強運思考ポイント

約束を守れば自信が持てる。そして運と正面から向き合えるようになる

退路を断ち、変化を恐れない

過去を断ち切るのが苦手な人は少なくないだろう。楽しかった思い出や、うれしかった出来事ほど、美しいまま記憶に残る。でも、つらい過去を引きずっていると、思い切って前に進めない。僕は「自分を変えたい」と思ったら、失敗を恐れず徹底したやり方をしてきた。

変化と失敗は紙一重だ。

何かを変えた結果、前より悪い状態になってしまったら、それを失敗ととらえる人もいるだろう。でも僕は、それを**失敗とはとらえずに変化として前向きに受け入れる。**

変化した後、意識をパッとリセットする能力には長けていると思う。

じわじわと形状記憶のように、元に戻ろうとする自分がいたら、新しい重りをドーンと乗っけて、絶対に元に戻らないようにする。

ジャマイカに初めて行くために、持っていたレコードをほとんど売ってしまったときのように、退路を断つのも僕らしいやり方だ。

未来の自分に不要なものはためらわず手放す。ゴミ袋に入れて終わりではなく、焼却炉まで持っていって放り込むようなイメージで、前に進むときは徹底して退路を断つ。

進んだ先で変化が起きても、僕は当たり前のものとして受け入れる。

世界のすべてをコントロールできるような支配者なら、自分の地位にとどまって同じ環境を享受し続けられるかもしれない。でも実際にはそんなことは不可能だし、仮に自分が変わらなかったとしても、周りがどんどん変わっていく。その変化はアトランダムで、規則性はない。

変わらずにいようと意識し過ぎると、年を取ることさえ苦しくなってしまうだろう。自分の変化を受け入れて、前向きに年齢を重ねていくほうが自然だ。受け入れることができれば、自分の変化を予測して、しっかり運動しておこうとか、食事に気を付けておこうみたいな対策だって取れる。

絶対に変わらないものはないのだから、**変わることを前提に生きていくほうが正しいし、気楽だ。変化に対して、寛容であるべき**だとも思う。そうやっていろいろなものが変わっていっても、**本当に大切なものは変わらずに残る。**

執着を捨て退路を断つと同時に、変化を前向きに受け止める。

そうやって生きていると、**記憶のフォルダには、後ろめたさや後悔が一切残らない。**自分の心の引き出しを開けたときに残っているのは、自分が真正面から受け止められるものだけだ。だから**僕は自分の歴史を肯定できる。**自分にマイナスの感情を運んでくるものが何もないから、**気持ちはいつだってポジティブで、運を招き入れる準備が常に整っている。**

強運思考ポイント

変化を前向きに受け止めると、後悔は一切残らない

言葉が行動を作り、行動が人を作る

ラッキーアイテムやゲン担ぎなど、自分の行動を決める指針となる「何か」の力を借りて、自分を高める方法がある。そういうものがあるとアグレッシブに行動できる。**自信をもって行動すれば、自分の人生を愛せるようになるし、前向きな姿勢が運気アップにつながっていく。**

たとえば、僕にとって大事なのは、**「いつも使っているマイク」**で歌うこと。借り物のマイクよりも、成功体験のあるマイクのほうがパフォーマンスは上がる。繊細な仕事ほど感覚が大事になるから、いつもの道具を使うことが本当に大事だ。自分にフィットするものを信じて万全な状態で臨むからこそ、絶対にいいパフォーマンスができるって思える。

大事にするのは、ものじゃなくてもいい。

僕には、**人生のなかで特に大事にしてきた3つの言葉**がある。

「大物になるか、犯罪者になるか」

人生で一番最初に自信になったのは、小学3年生から6年生まで担任だった村松順子先生の「あの子は面白い。大物になるか犯罪者になるかどちらかだ」という言葉だ。

子供時代の僕は、簡単にいうと問題児。

小学1、2年生のときはケンカも多く、感情が「あー!」っとなってしまい、友達の肩口に鉛筆を突き刺してしまったことがある。自分の思いを説明したいのに、うまく言語化できず、気が付くと手が出てしまう……、そんな感じだった。それを頭ごなしに「お前が悪い」みたいに怒られて、自分の気持ちをうまく伝えられないもどかしさを何度も味わっていた。

村松先生は、当時たぶん40代前半くらい。

特別優しいわけではなかったけど、僕の話をよく聞いてくれた。そして僕が何かを起こすたびに、「今日もまた植村くんが○○しました」みたいなことを、ギャグっぽくみんなの前で言って笑いに変えてくれる。厄介者扱いをするのではなく、内側に受け入れてくれるような感じで、それが僕はうれしかった。

そんななか、僕の知らないところで村松先生と両親の面談が行われた。


「あの子は面白い。うまく道筋を作ってあげてほしい」

「**大物になるか、犯罪者になるか**どちらかだと思う」


村松先生はそう言ってくれたという。

両親からそれを伝え聞いた僕は、子供ながらに「大物も犯罪者も、どっちも大人物みたいだ！」と思えたし、「先が楽しみだ」って言われたような気になった。問題児として否定され続けていた僕が、生まれて初めて肯定してもらえた気分になれて、ものすごく勇気づけられた。

そのとき以来**「大物になるか、犯罪者になるか」**という言葉が、僕のお守りになった。もしも「あの人に会いたい」みたいな番組で村松先生に会えたら……。「大物になれたとは思わないですけど、犯罪者にはならなかったです」って伝えたいかな。

「孤独じゃなくて孤高であれ」

次に、**「孤独じゃなくて孤高であれ」**という言葉も僕はお守りにしている。

デビュー当時、僕はいかついイメージを押し出していた湘南乃風のなかでちょうどいい立ち位置を見つけられず、ぼんやりした孤独感を味わっていた。そんな僕に、ライブを見た兄が「孤高でいいじゃん!」と声をかけてくれた。

孤独だと思うと寂しいけど、孤高だと思えれば気高くいられる。

この言葉をもらってから僕は、孤高の生き方を意識するようになった。状況は同じでも、とらえ方、言い方を変えれば、自分を肯定できるというのも大きな気づきだった。

ふとしたときに大切にしている言葉が頭に浮かんで「大丈夫、俺はできる」と思える。

最初のうちは、お財布の中にお守りを入れて持ち歩いているような感覚で言葉を携えているけれど、いつのまにか自分に溶け込んで体の成分になっていく。やがて、思い出さなくても無意識にそういう生き方ができるようになる。

「歩くパワースポット」

序章の冒頭でも紹介したが、ゲッターズ飯田さんからもらった**「歩くパワースポット」**という言葉も、僕の人生を変えた大切なものだ。

いまは、自分の体に溶け込ませて、この言葉をどう体現していくかに挑んでいる真っ最中。どうすればみんなの背中をもっと押せるかを、毎日考えて行動している。

「大事にしている言葉がひとつもない」という人もいるかもしれない。でもそれって、気づいてないだけだと思う。**まずは意識を切り替えて、気づこうとすることから始め**

てほしい。お守りにしたい言葉は必ず見つかる。

信じた言葉の通りに生きるのは簡単ではない。自分が大事にしている座右の銘に従って生きられていない人も多いんじゃないかな。でも、感銘を受けたからには、毎時、毎分意識して、その通りの生き方を目指してみてほしい。うっかり忘れてしまったとしても、ハッと思い出して修正していけばいい。

まずは言葉を信じる。言葉を信じれば行動を起こせる。行動が結果を生み、その積み重ねが人生になっていく。信じた言葉に従って歩んだ人生なら、振り返ったときに幸運だったと思える。

強運思考ポイント

お守りにしたい言葉やアイテムを見つけよう

泣いたら負けだ。負けグセをつけない

「運に味方してほしい」「チャンスをつかみたい」、そう思うのなら、**自分の信念を貫くことを大事にすべき**だ。20年無敗の雀士として知られ、運に関する著作が多い桜井章一さんは「敗北の99％は自滅である」と語っている。自分を信じられなくなると運から見放されるけど、迷いを捨てて信念を貫けば運が舞い込んでくる。

子供時代の僕は、無意識のうちに**「泣いたら負け」**という思いを貫いていた。その思いが、自分の個性や思考を形成する基盤になったと思っている。

小学生時代、後ろの席のやつと休み時間にケンカになった。身長は相手のほうが10

センチ以上高い。正面から戦っても負けていただろう。

授業が始まるや、そいつに後ろから「ぱっかーん」と殴られて、一気にボコボコにされた。無抵抗でやられて、僕はMRIを撮るほどのけがだった。

だけどやられている最中、僕は一切泣かなかった。

泣いたら負け。それは僕を貫く信念になっている。

「なめられてたまるか!!」っていう気持ちも、僕の人生の大きなテーマだ。

俯瞰で自分を見て、バカらしいって思うことはあるけど、僕はこういった気持ちを自分の生きるエネルギーにしてきた。

中学受験を控える夏には、こんな体験もした。

僕が住む鎌倉市の隣、逗子市の学習塾の夏期講習に参加したとき、授業が始まる前に、ジャイアンとスネ夫みたいな2人組に絡まれた。よそ者の僕の周りには、知り合いが一人もいない状況に緊張が走る。

胸ぐらをつかまれた途端、僕はとっさにジャイアンに飛びついて、ひたすらヘッドロックをした。ジャイアンも、スネ夫も「放せ！　放せ！」って、騒いでいたけど、いま放したらやられるかもと思って、授業が始まってからも絶対に放さなかった。授業が終わるころに、ジャイアンが泣き出して、それに気づいた先生が間に入ってくれてその場は収まった。僕はケンカが強いわけじゃないから、普通にやったら負けていたと思う。だけど、**退いたら負け**、と思って力を緩めなかった。

自分の思いを通すために必要なこと

負けず嫌いだったのは、自分の思いを通したいとか、自分の思いをわかってほしかったからだと思う。その結果、起こしてしまう行動が、人の迷惑になったり、「やめなさい」って言われたりすることばかりだった。不良っぽいことへのあこがれはなかったし、スリルを味わいたいといった気持ちもなかった。

父親から「武士の教え」みたいなことを言われ続けたからか「男は情けないことをしない」「情けを乞うな」みたいな思いはいまもある。泣いたら負け、退いたら負け、と思うようになったのも、突き詰めれば植村家の教育の影響だろう。

「言い訳するな」ともよく言われた。僕が言い訳だと思ってなくても、そう言われる。僕は「言い訳って何?」みたいな感じだった。

幼少期は、家の中で泣いていても、親からは放っておかれた。他の家庭なら、親が近づいてきて「どうしたの、泣いちゃったの?」なんて助けてくれたりするのだろう。でも、うちでは泣いたところで何も解決しない。「泣く」が手段として成立しないから、心には泣いた後の情けなさが残るだけだ。極端な話、植村家の中には涙が存在しないような感じだった。

泣くためには、周りに信頼している人がいるとか、気が緩む場だからとか、そんな条件が必要だろう。でも、子供時代の僕にはそれがなかったから、泣こうにも泣けない。

強運に「怯《ひる》まず」「臆せず」は必要

助けてくれる人がいるのなら、泣けばラクかもしれない。

でも、**一度ラクをしてしまうと「もっとラクをしたい」と思う**ようになってしまう。ラクをしたいって思いが極まると、自分では何もせず、それこそAI（人工知能）に任せるような世の中になってしまう。「そのほうがラクなんじゃない？」っていう人もいるかもしれないけど、**僕は、自分の足で前に進みたい。**

ラクしてジッと動かずにいれば安全かもしれないけれど、何も起こらないから運が舞い込んでくることはない。だけど**主体的に動き回れば変化が生まれるし、出会いもある。そこにチャンスや運が生じる。運は、行動した人のところにだけ舞い込む。**

足元を確かめる、自分らしさを保つ。そのためにも、相手に弱みを見せるわけにはいかない。**泣けば自分の軸がブレてしまう。それは決して「強がる」「いきがる」ではなくて、「怯《ひる》まず」「臆せず」だ。それが強運のためにすごく重要**だと思っている。

僕は窮地に立たされても泣かない、退かないという生き方を子供の頃からしてきた。泣かなければ、自分の軸はブレない。だから運に味方してもらえたのだろう。

強運思考ポイント

「ブレない軸」を持てば、運が味方してくれる

「よかった」と思える日が来ると信じて行動する

偶然の出来事がきっかけで人生が大きく変わることがある。

でも、その出来事にめぐり合えたからといって、「運がよかった」「運が悪かった」とは考えない。**どんな体験をしたとしても、まずは肯定して、その後はとにかく「これでよかった」と思えるところまで持っていく。そう考えるのが強運思考だ。**そのためには、**僕は躊躇《ちゅうちょ》なく飛び込むし、時間がかかってもやり遂げる。**

みんなは、僕に対して、「音楽に出合えてよかったね」と思ってくれているかもしれない。

でも、本当にそれが「よかった」なのだろうか？

初めてジャマイカに行った当時は、テラシーのグループ、ＩＮＦＩＮＩＴＹ16に「入っているのかな？」っていう曖昧な時期で、ジャマイカやレゲエに対する愛もないに等しく、現地での目的もない。それでいて外に出れば怖い連中が寄ってきてお金をたかられる。「なんだ、この国は！」というのが初ジャマイカの印象だった。一緒に行ったＩＮＦＩＮＩＴＹ16のクルーたちともなんとなくうまくいかなくて、日本に帰ったらレゲエをやめるつもりだった。

でも帰国前夜に、当時のスターが登場したショーを偶然目にしてレゲエの魅力にノックアウトされた。僕はレゲエを続けることになり、その決断が今につながっているのは確かだ。

「ジャマイカに行った」「レゲエを続けた」という事実を「よかった」と思える日がいつか来ることを信じて、僕は行動を積み重ねた。

「よかった」にできるまでには、親から反対されたり、周りから「うまくいくわけないじゃん」って言われたりして、苦しさも味わっている。

デビュー前、ビル清掃のアルバイトをしていて、職場仲間から「レゲエ」ってあだ名を付けられていた。なんとなくバカにされたような気分になって、「なんでこんな人生を選んだんだろう」と思ったこともある。

でも、デビューが実現し、曲がヒットして、すべてがひっくり返ったから「よかった」にすることができた。

先ほどの問いに戻りたい。

もしあのとき、レゲエをやめていたら……。

それでもきっと、僕は「レゲエをやめてよかった」と考えていたはずだ。別の成功を目指して、自分の決断に誇りを持って行動していた気がする。

自分の行動や決断を肯定し、振り返ったときに「よかった」と思えるようにしていくのが強運思考の基本だ。この思考は、歌詞を考えるときにも生きている。自分の苦しみや過去の失恋を歌詞にすることで肯定できる。

自分が出した結果を、なんとしてでも「○○してよかった」にする。

簡単には終わりにしない。**あきらめず、信じぬくことが、自分の人生を肯定することにもつながる。「やめてよかった」でもいいんだ。うまくいかないときのパターンと同じ。**

そういう思考をしていれば、何が起きても向上心を持って前に進んで行ける。

強運思考ポイント

自分の決断を振り返ったときに「よかった」にしていく

苦しみは消せない。だから苦しいまま進む！

自分の決断を「よかった」に変えるのが強運思考の本質だ。

でも、そんなふうに思えるまでに、苦しい思いをすることも少なくない。

その苦しみを消し去ることはできない。「苦しい」を「苦しくない」にするのってすごく難しい。だけど、**あのとき苦しんだから、いまがあるんだなって笑える未来がやってくることを想像して、希望を持って前に進む**ことはできる。

これまでだって、いくつもの苦境を乗り越えてきた。だけど、納得できるいまがあるから、「あのときの苦しみがあってよかった」「あの苦しみが必要だったんだね」と思える。

いまは、新型コロナウイルスの流行で、世の中は大変なことになっている。

だけど「いまできることを頑張ろう」と思えるのは、この苦しみを振り返ったときに、「必要なことだったんだろうな」と思える日が、いつか来ることを多くの人が知っているからだろう。

その日を迎えるために、
僕たちは前向きに動かなければいけない！
進歩しなければいけない！
飛び込んで挑戦しなければいけない！
運命を好転させていかなければいけない！

状況を打開するのはいつだって**「行動」**だ。

たとえ苦しかったとしても、苦しいまま行動するしかない。

自分の役目や生きがいに出合い、行動に夢中になれれば、苦しみを忘れられる瞬間が訪れる。苦しみを取り去ることに時間をかけるのではなく、苦しいまま行動する。ツラいまま進む。

苦しみを意識しない時間を増やす

もっと掘り下げた話をするなら、生きるって苦しみの連続だ。そして、人は誰しも必ず死ぬ。

でも、人生の多くの時間、人はそんな苦しみや恐怖を忘れて過ごしている。目の前のことに没頭し、生きていてよかったという実感を小さくてもいいから積み重ねていく。そんな毎日を送っていれば、苦しみを意識せずにすむ時間も増えるんじゃないかな。

いまの僕は、誰かから「ありがとう」と言われたり、誰かに「ありがとう」と伝えたり、そんなやり取りをすることを大事にしている。

喜んでくれる人から「ありがとう」と言われて、僕は自分の活動を認めてもらえたのがうれしくて「ありがとう」と返す。そのうちに不思議と苦しみを忘れられる。

だけど苦しみが完全になくなるわけではない。「あのとき苦しんでよかった」と思えるときが来たとしても、また新たな「苦しい」に直面することもある。人生はその連続かもしれない。

やっぱり、**苦しいは苦しいままで、苦しいまま進むのが、人生を切り拓くコツ**だろう。

強運思考ポイント

苦しいはなくならない。苦しいまま進むのが、人生を切り拓くコツとなる

信じると決めたら、絶対に背かない！

考えが定まらず、自信を持った決断ができないと、運から見放されてしまう。**運を味方につけるためには、自分の軸を持って、ブレない選択をし続けることが大切**だ。

軸にするのは何でもいい。

たとえば、自分で「赤を選ぶ」「青は選ばない」と決めたとしよう。目の前にピンクと緑が現れたときに、僕は赤に近いという理由でピンクを選ぶ。オレンジと紫が現れたら、どちらも赤は入っているけど、青が入っていないからという理由でオレンジを選ぶ。

そうやって、自分が決めたほうを選び続ける人生を送る。それが自分を偽らないことだと思う。赤を選び続けた先に、損があったとしても赤を選んだ自分を肯定できる。同じように、青を望んだ人は、青を選び続けることで自分を肯定できる。

一番よくないのは、ときどき赤、ときどき青を選ぶこと。世の中の雰囲気や、そのときに感じた損得で選択を変えると、自分らしく生きられないし、浮き沈みに一喜一憂する。

僕は家族の行事を優先する生き方をしている。妻と話し合って「子供のことは一生に一度だから」と、そう決めた。

一年の頭にスケジュールを決めて、家族の行事がある日には絶対に仕事を入れない。その日に、どんなにありがたい話をいただいたとしても、「縁がなかった」と思って断るようにしている。「あの話に乗っていたら」「あのときチャンスをつかめていれば」みたいな〝たられば〟は考えない。それ以上に、妻と決めたことを守れた事実や、家族と大切な時間を過ごせた自分を誇りたい。

金銭的なメリットや魅力的な誘惑を断ち切って、自分の決めた通りに生きることができれば、それが自信につながる。

信じると決めたんだから損をしてもいい。それと同時に、**信じると決めた自分の考えに従えたことを得だ**と思ったほうがいい。

その逆に、信じると決めたものに背くのは損だと思う。それは自尊心を失うことにつながる。

信じるものは強い

信じられる相手とは、お互いがいかりのような役割をしていて、長さの決まった鎖で背中をつながれているような感覚もある。お互いに、まずいところに行きそうになると、鎖がピーンと張って、危険を教え合える。親友や、何人かの大切な人とも、鎖でつながっているイメージがある。

自分自身が重りになっている人は、ドスンとその場にとどまって身動きがとれない。それが意固地な状態だ。いかりと重りは全然違う。

自分の軸にするのは人でなくてもいい。誰かが言った言葉や、本で読んだ言葉、自分が信じている言葉などでもいい。その言葉からブレない生き方をしていくだけで、自信をもって前に進める。

僕は、子供の頃に「武士は食わねど高楊枝《たかようじ》」ということわざを父からよく聞かされた。たとえ貧しくても、それを表に出さず気位を高く持って生きるべきだという教えだ。父のすべてを信頼していたわけでも、父と相談して決めたわけでもないけれど、そういう生き方をしたいなって、子供の頃からずっと思っている。

人物でも言葉でも、それ以外の何かでも、自分なりにいいとこどりをして自分の軸を作っていけば、心の迷いはなくなっていく。**信じると決めたものに背かない生き方が、強い自分を作っていく。**

強運思考ポイント

自分の決めた通りに生きることで、強い自分は作られる

第2章

強運思考は、幸せを呼び込むシステムである

幸せになる権利は誰にでもある。好きなことをしていいし、夢を持っていい。自分を愛することができれば、幸せになれる。自己表現のうまい人はもっと幸せになれる。

人が幸せを運ぶから すべての出会いに縁を感じる

「どんな生き方をしていれば、縁で結ばれた相手と出会えるんだろう」

そんなことを考えている人がいたら、僕の考えを参考にしてみてほしい。

僕は**「縁には後で気づけばいい」と考えて生きている。**

湘南乃風のメンバーとの出会いも、「運命の出会い」って思えるのは、いまの僕らがあるからで、実際には普通に出会った4人。そのとき、他の友達にも出会っているし、レッドとハンクンと若旦那の頭の上に、ピコンピコンとライトが点滅していたわけではない。

いろいろあって離れていった仲間もいるなかで、最終的に思いをひとつにできたのが、僕たち4人だっただけだ。それを結果的に、**「縁」**とか**「運命」**って呼ぶんだと思う。

出会ったときから特別だったわけではない。でも、いまでは全員が自分にとってかけがえのない存在だ。

「あの子と遊んじゃダメよ」って子供時代に親から言われたり、本当は縁で結ばれるはずだった相手とやむにやまれぬ理由で離れ離れになったりすることもある。それを人は「悲しい運命」と呼ぶのだろう。だから縁は絶対ではない。本人がつなぎとめようとしないと、とたんに消えてなくなってしまう。

縁を維持していくためには「一緒にいたいな」「関わっていたいな」っていう素直な気持ちが大切だ。「こいつと一緒にいたいな」と思った相手に素直に接してきたことが、僕の場合はレゲエとの出合いや、湘南乃風につながった。僕の人生では、この素直さがすごくよかったと思っている。

縁は運にも大きく関わっている。

縁ある相手との出会いで人生が好転したり、自分が動いて運気を誰かに届けたり。

そうやって、人が幸せを運んでいるから、運って漢字を「運ぶ」って読むことがしっくりくる。

「出会わなければよかった」にしてはいけない

縁は、ひとつひとつの出会いを大切にしていった先にあるものだ。

時間を経て振り返ってみないと、自分が幸運だったのかを見極められないのと同じように、縁もまた、すぐには善しあしの判断ができない。

最近出会ったばかりの相手と、10年後、20年後に過去を振り返って、「あの日のことがいまにつながるなんて」と話をするかもしれない。

すべての出会いを大切にしていった先に、昔話に花が咲くような未来が待っていると思えれば、いま自分がどう行動すればいいかが決まる。

「出会わなければよかった」ではなく、「出会えてよかった！」にしていきたい。

だから僕は、どんな出会いにも縁があるって考える。すべての出会いを大事にしていけば、振り返ったときに「いい縁だった」と思える関係を育んでいける。

強運思考ポイント

「出会わなければよかった」ではなく、「出会えてよかった！」にする

好き嫌いをはっきりさせると、「誘われる」人生になる

「買い物に誘われる」「食事に誘われる」「遊びに誘われる」、断るなんてもったいない。誘いに乗って飛び込んだ先には、出会いや新しい体験が待っていて、それが大きなターニングポイントになる場合がある。だから「誘われる」ことは特別なことだって考えたほうがいい。

僕にとっての人生の転機も、たいてい「誘われる」ことから始まっている。

あまり誰かから誘われない人は、仲間外れにされているんじゃないかと心配になるかもしれないけど、きっとそんなことはない。たまたま僕が、人より誘われやすい流

れをもっていたんだと思う。

ジャマイカ行きやレゲエとの出合い、湘南乃風結成のきっかけになったミックステープへの参加、ポルノグラフィティの新藤晴一くんと組んだ「THE野党」での音楽活動、「歩くパワースポット」としてのテレビ出演など、どれも誘われたことがきっかけだ。

では、誘われるにはどうすればいいのか?

好き嫌いを伝えていいんだ

誘われたかったら、「何かあったら声をかけてね」と宣言しておくとか、こちらからもたびたび誘いをかけて、「誘い、誘われる」ようなお互いさまの状況にすることも大切だ。絡みやすい人物だと思ってもらうために、すぐに相手を否定しないことも大切だろう。それだけで誘われる確率は格段に上がる。

ただ、これは一般的な考え方だ。

僕は自分の好き嫌いを周りに伝えることを大事にしていた。

好き嫌いがはっきりしている自分を知られていれば、しかるべき相手から声がかかる。めちゃくちゃ絵を描くのが好きなら画家や漫画家を目指す仲間から声をかけられるだろうし、勉強が得意なら特待生として学校に迎えられる可能性もある。運動が得意ならスポーツに関する誘いを受けるだろう。

昔から、仲間内に僕のイメージを聞くと、「飛び込むやつ」「気合いが入っているやつ」「全力投球」「無理そうなことでもひょうひょうとやる」と言われる。そんなキャラクターが知れ渡っていたから、中学高校時代は望んでいないのに何度もケンカに駆り出された。

キャラクターを周囲にアピールするときは、わかりやすいほうがいい。

以前、湘南乃風を担当していたマネジャーから「自分はキャラクターが薄い。どうすれば人から覚えてもらえるんでしょう」と、相談を受けたことがある。

僕は、彼が年間200食くらいラーメンを食べ歩いているのを知っていたので、「ラーメンに詳しいことをアピールしてみたらどうかな」というアドバイスを送った。

彼がラーメンに詳しいことを僕もあちこちで触れ回ったし、彼自身もラーメンブログを始めて情報を発信するようになると、次第にキャラクターが定着して「ラーメンのことならあいつに聞こう」という忘れられない人物になった。

こんな人物に出会ったこともある。

伊勢で出会ったトマトの生産者さん。彼は、身につけている物が何から何まで真っ赤。メガネのフレームも、腕時計も、靴紐まですべてが赤、赤、赤。話を聞いてみると、トマトがまだ熟さず緑色の時期には、ファッションは緑色になるそうだ。そんなふうにトマトへの愛を表現している生産者さんは、一度会ったらずっと忘れない。「ラーメンだったらあの人」「トマトならこの人」みたいに、その都度、存在を思い出してもらえるようなわかりやすいキャラクターなら、大事な場面で真っ先に指名してもらえるようになる。

好き嫌いは自分で判断する

フィーリングの合う人とだけつるむ。居心地のいい場所にいたい。

嫌いな人のところにはいかない。嫌いな人とは付き合わない。

そんなふうに好き嫌いをはっきりさせるのはよくないって風潮もある。

でも、**好き嫌いをはっきりさせておけば、自分に何が必要かを選び分ける感覚がブレなくなる。**何かに飛び込むときも「好きになれそうか？」や、「そこにいる人と関わりたいか？」を判断基準にしている。

ただし、**自分の好きじゃないものに対しても、敬意と理解は忘れない**ようにしたい。気に入ったものだけを認めて、嫌いなものは排除するような考え方が、僕は好きじゃない。

好き嫌いをはっきり判別できない人もいるだろう。

家庭での教育や周りの環境、世間の常識といった外部からの影響が強すぎると、自分の価値観を持てなくなって、好き嫌いの判断ができなくなってしまう。遊びに行く相手や、一緒に過ごす仲間を決めるときに、周りの目を気にしないほうが楽しいように、何が好きか嫌いかは自分で判断したほうがいい。

もちろん、好き嫌いは人それぞれ違っていていい。

人は、一人ひとりに個性がある。それなのに、みんなを同じように扱って、本来持っているキャラクターを削ぎ落としていくと、無個性な人間ができ上がってしまう。声をかけてもらうには個性的なほうがいい。

それに、なんとなく全体的にうまくいくバランス人間よりも、アンバランスな人のほうが僕には魅力的に映る。

好き嫌いが際立つと、自分を取り囲む何百人かの中で、自分一人だけ変わり者扱いされてしまうかもしれない。でも怖がらなくていい。僕は、ときにぶつかり合って、自分の思いを周りに伝えてきた。**好き嫌いをはっきりさせて、「自分自身はこうである」というキャラクターを磨き上げていくことが「誘われる」につながる。**

そして、誘われる人生を送っていれば、人より多くのチャンスにめぐり合える。だから、人生を好転させられる機会が増える。

強運思考ポイント

好き嫌いを表現できれば、多くのチャンスにめぐり合える

夢に向かって突き進むって、恥ずかしいことじゃない

「夢はどうすればかなうんですか?」という質問を受けることがある。

未来がどうなるかなんて誰にもわからない。

だからこそ**先のことは深く考えず、いまやりたいと思うことに全力を注ぐべきだ。**

湘南乃風でデビューする前も、デビューしてからも、僕は後先を考えずにがむしゃらに突っ走った。

2013年8月のライブ「十周年記念 横浜スタジアム伝説」のMCで、僕はこんなことを語っている。

かなうんだったらやるの？
違うと思う
かなうように願うんだよ！
そして夢に突っ走っていくんだ！
そうやって人は生きて、
仲間と助け合って
家族、仲間、スタッフ、友達
助け合って夢を目指すんだ!!

これは台本なしで、ステージ上で自然に出た言葉だ。

「夢ってかなうんですか？」「やったらうまくいきますか？」って質問されたら、僕は「わからない」「わかんないよ、そんなの！」って返答するだろう。「まずはやってごらんよ」と言うかもしれない。

僕自身、やりたい気持ちに従って音楽をやってきただけで、未来を信じきっていたわけではない。

でも、やり続けているうちに「よりよくしよう」って気持ちが生まれるし、しばらくすると、「こういう目標を立ててみようか」なんて話が出てくる。

いまって、動き出す前に結果を算出したり、リスクヘッジの話をしたりすることも多いけれど、それにどれだけの意味があるんだろう？　やる前から筋道を立てて考え、成功する確率が高くないと自分のやりたいことをスタートさせられないなんて、ちっとも面白くない。**やりたいことがあるのにすぐに動き出せないなんて、僕にとってはキツ過ぎる。**

僕が中高一貫の進学校を受験したときにも、「大学合格率が90％以上」みたいな数字を見せられた。当時の僕は「なんだかおかしいな」って思っていた。本当なら合格率なんかよりも、「こういうことを学びたいからその大学に入る」っていう「思い」が先になくちゃいけない。

成功する確率＝何％、億万長者になる確率＝何％みたいな数字にばかり振り回されて、その結果、成功者になったとしても、楽しいことや好きなことができなければ、苦しいだけだ。

「どうすればかなうか」なんて計算せずに、やりたいことをやればいい。

夢に向かうってそういうことだ。

かなうか、かなわないか、わからないこそ、挑戦する意味があって、夢を追うのは楽しい。喜怒哀楽そのすべてがハーモニー。**自分だけのドラマを描き、誰も見たことのない景色を目指すのが、究極の強運思考だ。**

強運思考ポイント

「どうすればかなうか」なんて計算せずに、誰も見たことのない景色を目指す

夢が見つからなくても、やるべきことがある人生も幸せだ

夢をかなえる以前に、「自分の夢が見つからない」という声を耳にすることがある。好きなものを追いかければいいと思うけど、「好きなものを追いかけたらバカにされる」とか、「かなうわけがない」という理由で、夢を持つことに抵抗感を覚える人が多いみたいだ。「好き」を追いかけることに罪悪感がある人もいるのかもしれない。

逆に夢が見つからないのなら、「夢はなくてもいいじゃん！」とも思う。

結婚して、家族ができてから、僕は外でガンガン働くだけではなく、家で過ごす時間を選ぶことが増えた。そういうことを繰り返しているうちに、デビュー前に思い描

いていた元々の夢のイメージが、途中から方向転換していたことに気づいた。それで「別に夢がない人生だってよくない？」って思うようになっていった。

夢をあきらめて、子供に飯を食わせるために働く人生を選んだ人もいるだろう。僕にはそれがものすごく素敵に思える。

誤解を恐れずに言うなら、湘南乃風はもう夢をかなえてしまったグループだ。オリコンで1位を取るとか、アリーナクラスのイベントを成功させるとか、デビュー前に抱いていた夢は早い時期に形になった。

いまはやるべきことが目の前にあって、湘南乃風に何かを求めてくれる人たちのために一生懸命やっている状態だ。

そういう人生が僕は大好きだ。じわじわと、求めてくれる人数が増えてくれれば、それもうれしい。チャンスがあればもっと大きなことをしたいけど、僕にとってそれは夢というよりは、仕事の仕方みたいな話になってくる。

かつては命がけで戦っていた。でもいまは戦いじゃない。夢中になって楽しんでいる。自分の目標と、みんなで作った目標を、力を合わせてクリアしていこうとしている。その中にも苦しさはいっぱいあるけど、戦っていた頃のような苦しさや、心がいつもとげとげしている感覚はなくなった。

夢を追う人生も素敵だけど、それと同じくらい「目の前にやることがあるのは幸せだ」。本当に生きていると感じる。夢を追う人生と、やるべきことをやる人生、そのどっちにも光が当たるような世の中になってほしい。

強運思考ポイント

夢を追う人生と、やるべきことをやる人生。どちらも素敵だと思える

絶望の淵に落ちても人生は続く。そこから始まるんだ！

生きていれば、つらい思いをすることは誰にでもある。「もうダメだ、立ち直れない」って追い詰められることだってあるだろう。でもそんなときに、**どう考え、どう行動するのかで未来は変わる。**

湘南乃風でデビューし、音楽活動を続けてきた僕の人生は、外から見たら華やかに見えるかもしれない。でも、苦悩や絶望を何度も味わってきた。その中でも極めつけだったのは、16歳、高校2年生になった直後の出来事だ。

小学4年生で受験勉強を始め、やっと入った中高一貫の男子校を、僕は追い出されることになった。

原因は仲間と起こした暴力事件。

高校を卒業して一流大学に入り、一流企業に入社するという人生しか頭になかったから、人生が終わったかのような絶望を味わった。

退学が決まる前、謹慎になったことを自分から親に伝えなければならない重圧で、三半規管がおかしくなったかのように、まっすぐ歩けなくなってしまった。

『賭博黙示録カイジ』によく出てくる「ぐるん」っていうシーンと同じような感じだった。


学校をクビになったのは自業自得だ。

学校にいる自分に違和感を覚えて、憤《いきどお》って、反発して、ルール違反をいっぱいしてきたんだから、そこから飛び出る結果になるのは当たり前だろう。

神様がいるのなら「君はなりたいようになりなさい、やめたいんでしょ？　どうぞ、学校をやめさせてあげたよ」ってことだったんだと思う。

ただ、親から怒られること、親の期待を裏切ってしまったことで、気持ちは最低に落ちた。

その一方で、すべて自業自得だと受け入れて平常心を取り戻せたおかげで、それ以上悪い方向に流されずに済んだ。悪い流れに任せた人生を送れば、行きつく先は暗い世界だろう。でも、**現実を認めて主体的に行動すればチャンスが降ってくる。それを見逃さず、ものにしていくのが、運をよくするための第一歩になる。**

学校を辞めた後、僕は大検予備校に通い始めた。

そこで出会った仲間からヒップホップを教わり、それが音楽との出合いになった。

やがて僕はレゲエにハマり、湘南乃風でデビューすることになる。そんな未来がやって来るなんて、学校をクビになったときは少しも考えていない。

人生の終わりだと思ったあの出来事は、僕にとっては始まりだった。

幸せが不幸につながり、不幸が幸せを呼ぶ

一連の出来事を振り返ると「人間万事塞翁《さいおう》が馬」という中国の故事にちなんだ言葉が思い浮かぶ。塞翁というのは、国境付近のとりでに住む老人のこと。この故事は、彼と彼の飼い馬にまつわる話だ。

飼っていた馬が逃げ出して敵地に入ってしまったことを、周りから慰められた老人は「近いうちに幸せがやってくるはず」と語る。その後、逃げた馬がすぐれた1頭の馬を連れて帰還する。周りから祝福された老人は「きっと災いが訪れる」と答える。やがて馬に乗った老人の息子が落馬し、足に大けがを負う。息子の負傷を気遣われた老人は「きっとこれは吉兆に違いない」と言う。やがて戦争が起こる。足をけがしていた彼の息子は、戦乱に巻き込まれずに死を免れた。

「塞翁が馬」ってそんなお話だ。人生とは「塞翁が馬」のようなもの。幸せだと思っていたことが不幸につながり、不幸だと思っていたことが幸せを呼ぶ。

学校を辞めたから音楽と出合えて、それが湘南乃風へとつながった。

そんな人生を振り返ってみると、何が起きたってあきらめる必要はないんだって思える。ことあるごとに一喜一憂して感情に振り回される必要もない。

絶望の淵に落ちたとしても人生は続く。

それで終わりにはならないし、むしろ何かが始まると思ったほうがいい。そのとき、何かが始まる兆しに気付いてチャンスをつかめれば、運を引き寄せられる。

強運思考ポイント

絶望は「そこから何かが始まる予兆」だと思っていい

うまくいっている人の流れに寄り添い、ついていく

成功者に対して劣等感を持って生きるか、成功者についていくか、どっちが幸せだろうか。

仲間に差をつけられて、自分だけ取り残されるような状況はかなり苦しい。本当は自分もみんなと同じスピードで進みたいし、同じ景色を見て笑い合いたい、そう思っているはずだ。

レゲエ人生に舵を切った僕は、もともと音楽が得意だったわけじゃないから、周りに差をつけられまいと必死だった。これから伝える経験は僕にとってとても大きな決断だったと思うし、**プライドが邪魔をする場面で運の流れに乗る方法をつかめた**気がする。

呼ばれない経験でわかったこと

音楽活動と並行して短大に通い、無事に卒業することもできた。そんななか、テラシーともう一人のクルーが、ジャマイカとニューヨークへレゲエ修業に行くことが決まった。期間は2年間。僕は日本に残り、活動場所を求めて湘南のレゲエシーンに遊びに行くようになった。

レッド、ハンクンと出会ったのはこの時期だ。

そんななか、日本レゲエ界のオリジネーターとして知られるRANKIN TAXI(以下、ランキン)さんのプロデュースで、若手をフックアップするメジャーCDの企画が動き出し、レッドとハンクンに声がかかった。さらに、日本に一緒に残ったメンバーのGOKI(以下、ゴキ)にも声がかかった。

でも、僕には声がかからなかった。

普通なら、そこで諦めてしまうのかもしれない。置いていかれることで諦めて、自分が違う場所にいくことを選ぶ。自分が好きだった場所を離れて。でも、そういう選択はしなかった。

「置いていかないで」という気持ちが強かった僕は、ゴキのレコーディングに「ついていく」という行動に出た。

だからといって、ゴキにぶら下がるつもりはなかった。連れていってもらうからにはゴキにとって悪いようにはしたくない。絶対にどうにかするという覚悟があったし、タダ飯にありつくような意識はなかった。「持ち曲を聞いてほしい」と、その場で披露したことで結果的にランキンさんのCDに、ゴキと僕のコンビ曲『Party』が収録されることになった。

あきらめなかったから、僕はチャンスをつかめた。主体的に行動していれば、自分のところに舞い込んでくるものを取捨選択できる。それが運をコントロールすることにつながる。

ただ、この後も何かと「僕だけ呼ばれない」がしばらく続いた。だけど、ライバルたちはみんなプライベートでめちゃくちゃ仲がよかったから「くそー！」みたいな感じにはならない。ひたむきに音楽と向き合って、仲間に嫉妬せずにいられたのはよかったんだと思う。

嫉妬やあまのじゃくは運を逃す結果につながる。

運を引き寄せるということ

ここで伝えたいのは、**うまくいっている人を見て「悔しいから自分は違うことをやってやる」と思い、うまくいくはずの流れとは逆の流れに乗るのは違う**ということ。

運を引き寄せるためには、うまくいってる人の流れに寄り添って、ついていくことも大事だ。誰かの流れに乗るのではなく、**相手を認め、いい部分を取り入れながら、自分の流れを作っていく。**

誰かのことを応援したり、応援している人に少しでもかかわってみたりすることも、いい流れに寄り添う行為だと言える。

たとえば、自分に恋人がいなくても「恋人がほしい」という友達に、相性のよさそうな人物を紹介する。そうすれば、交際が始まったときに応援できるし、結婚することになれば心から祝福できるはずだ。そして、今度は、幸せになった友達から、いい相手を紹介してもらえるかもしれない。そんな好循環が生まれることも考えられるだろう。誰かを応援する人は、誰かから応援される人になる。

誰かにアドバイスを送ってもいい。いい結果が出たら「アドバイスしてよかった!」と思えるし、相手からも「いいアドバイスをしてもらえたからだよ」って言ってもらえて、すごくいい空気になる。

そうやって、**うまくいっている相手に寄り添って自分も当事者になれば、相手の幸せが自分の幸せになる。**それと同時に、当事者同士がフェアな関係でいることもできる。

デビュー前に若旦那の提案で、レッド、ハンクン、ゴキ、僕が一緒にミックステープを作ったことがある。当時、レゲエのミックステープはサウンドマンたちが作るものだったから、歌い手が集まってテープをリリースするのは異例だった。でも、そのテープのおかげで、僕らはお互いに当事者同士になれた。ライバル同士でいれば、常に勝った負けたと一喜一憂する関係のままだったけど、テープを共作することで一人ひとりが持っていたいい流れがひとつになり、より強いものになっていった感覚もあった。

メンバー同士、絆が強かったのもよかった。

親、兄弟、配偶者、自分の子供との関係と同じように、相手とお互いに承認しあえている実感があれば、個性や能力に違いがあっても劣等感が芽生えることはない。その逆に、関係が希薄なほど、差が気になってうらやんだり、ねたんだりすることになる。嫉妬にとらわれないためには、相手との距離を縮めておくことが大事だ。

そういう積極的な気持ちが運を招くんだと思う。

強運思考ポイント

相手を認め、いい部分を取り入れながら、自分の流れを作っていく

いま、目の前にある幸せを見落とさない

幸せの形は人それぞれだけど、誰もが「幸せになりたい」って思っているはずだ。

幸せになりたいから運や縁を求める。それは恥ずかしいことではない。

でも、人の欲望にはキリがないから、幸せを求めれば求めるほど満たされない気分になってしまう。誰かが高価な腕時計をしていたとか、SNSに華やかな写真が上がっていたとか、そんなことに気を取られて他人をうらやんでいると、自分の目の前にある幸せが見えなくなってしまう。

そんなことが気になってしまう時期があった。**幸せや幸運は、いま目の前にある状**

況に満足できた人のところに訪れる。当時の僕はそのことを意識できていなかった。「デビュー前はささやかなことに幸せを感じられたのに」「僕が欲張りになっちゃったのかな」って、ふと感じることもあった。

そんな感覚を味わっていた時期に、『ワンルーム』は、ささやかな幸せがいかに大切なものかを思い出させてくれる、とても大切な曲だ。この曲に僕は、結婚前に妻と同棲していた4畳半のワンルームで感じていたいろいろな気持ちを詰め込んだ。歌詞では6畳だったけど本当は4畳半。曲を聞いたり歌ったりすれば、僕はいつでも幸せの原点を確かめられる。当時の思い出もよみがえる。

湘南乃風でデビューが決まる頃、結婚前の妻と僕は、同棲していた家の近くにある質屋の前を通るのが好きだった。外からショーウィンドウを眺めて「ヴィトンのバッグがあるね」なんて話していたけど、もちろん買えやしない。

そんなある日、僕たちは質屋に飾られていた指輪を目にする。

店の前を通るたびに、僕らはその指輪に目を奪われていた。

最初の給料でその指輪を買い、僕は彼女にサプライズでプレゼントした。どうしても、苦労をかけた恩返しがしたかったから。
いまだったら「新品を買えよ！」って思うけど、当時の2人は何ひとつ高価なものなんて持っていなかったから、中古品だとか質屋だとかはまったく関係ない。それでじゅうぶん幸せだった。その指輪はいま、次男のお気に入りになっていて、彼の引き出しにしまわれている。それも僕にとってはほほ笑ましいことだ。

あの頃の気持ちを忘れずにいることは、僕の中で、目の前のものを大切にする生き方につながっている。

他人をうらやむ暇があったら、目の前にある幸せを見落としていないか、自分を見つめ直したほうがいい。**いまあるものをかみしめて、幸せだと思えた人のところに運は舞い込むのだろう。**

強運思考ポイント

あの頃の気持ちを忘れずにいることが、いまを大切にする生き方につながる

主体性を持って生きるために、自分の物語を愛する

予測不可能なことが起きたときは、誰だって対応できない。

でも、変化するのが世の中だし、何か起きるのが当たり前だって思っていると、少しは変化に強くなれる。そして、何も起きなかったときに「恵まれていたな」って思える。

いまの世の中って「これが成功だ」とか「これが失敗だ」とか、そういう決めつけが充満している気がする。

自分のなかで「こうだったらいいな」「こうあるべきだ」っていう基準を設けて、それを下回るたびに不安になる人や、「今日、何もできなかった」と全部を失敗だと

とらえる人もいるだろう。でも、そんなふうに自分を敗北者にしなくていい。**「生きていることが成功じゃん！」**って思うことだってできる。毎日朝起きて、夜眠れることが成功だと思えるなら、みんな毎日成功している。毎日をただ一生懸命に生きて、小さくてもいいから乗り越えて**「生きていることで勝者だ」**って思ったほうがいい。ハードルを上げたい人は、それを乗り越えていけばいいけれど、その高さは別に誰かに決められるものではない。自分で決めた高さでいい。

成功しようが失敗しようが、主体的に、自分の人生に責任を持ってほしいって思う。

僕は、自分を俯瞰して「自分が映画の主人公だったら？」ってよく考える。うまくいってないときは、「2時間の映画だったら、いまは1時間10分ぐらいの状況ね」「ここからどう描いたら、かっこいい映画として終われるんだろう」とかね。

人の人生って、切り取り方によって全部が素敵だし、全部が美しいし、全部がかっこよく見える。誰かが映し出してくれなくても、自分自身が自分の人生をそうやって映し出していったら、毎日がすごく美しくなっていく。

「歩くパワースポット」と呼ばれるようになってからの僕は、毎日神社に行きながら、自分がカメラマンで、監督で、ストーリーテラーにもなって、自分の人生を映している感覚がある。「自分はこういう主人公でありたいな」「こういう映画だから、こういう人で終わりたいな」とか、自分のなかで考えている。

そうやって、自分をボンヤリ眺めて考えるのが楽しい。役になり切るためには格好や環境も大事だ。「この角度で撮りたいな」「こういうBGMを流したいな」とか、そんなことも考える。湘南乃風で逆境に立たされたときは、グッとこらえて、自分がウォリアーになったかのような気持ちになって、気分が奮い立つ音楽を聞いていた。

勝ち取りたいものに手が届きそうなときは、勝負して勝ち取るストーリーをイメージする。悪いことを正当化し、自分に都合よすぎる解釈はダメだけど、**みんなもっと、自分の人生を美化していい**と思う。

未来の登場人物を自分で選ぶ

ミュージシャンや芸能人って、その人生がちょっと劇的に見えるかもしれないけど、他の生き方をしている人にも、そういう瞬間はあるはずだ。**いまの仕事を始めたきっかけとか、自分が住む町を決めたときのひらめきなど、その直感や出会いは、とらえ方次第で素敵な物語にしていける。**

それは自分にしかできないことだ。

そうやって考えていると、「シーズン2はどうしたらいいのかな」「こいつとの関係は10年後にどうなったら面白いかな」みたいな視点も生まれる。それは**自分の未来を考えることになると同時に、未来の登場人物を自分で選んでいく**ことにもなる。

すべてが思った通りに進まないとしても、ある程度の影響力を持って、イメージに近い人生を歩めるはずだ。「こいつとは長く付き合っていきたいな」と思うなら相手を大切にできる。

相手の物語で、自分がどういう役目でいたら面白いのかな、とも考える。

自分の役どころ、出会ったタイミング、キャラクター設定などは相手次第だけど、「面白い役回りができたらいいな」と思って、僕は僕を演じる。

だけどいまは、簡単に地球の裏側のことがわかるし、地球の外側にだって出られる。おいしいものもいっぱいある。他人と自分を簡単に比較できる状況だから、ついないものねだりで、周りのことが気になってしまう。経済発展をしてビルを建てまくったら、やっぱり森や緑が大事だって言い出すし、自然の中で暮らしていれば都会のほうがいいと思う。人間ってそういう生き物だ。

ないものねだりをしてしまうのは、情報が多すぎるからなのかもしれない。視野を広げてうまくいく人もいるけど、もう少しミニマムな世界で、自分の目の前のことに没頭する人生でもいいと思う。

登場するすべての人に感謝

「本当はこうじゃなかったのに、なんでここにいるんだ俺は」「なんでこっちの役なんだ」みたいな考えのままでいると、役に身が入らず、いい演技ができない。だからといって、違う役柄を望んでも、大きな変更はできない。自分の役柄をまっとうしたほうがいい。

たとえば、自分が日本人であることは変えられない。「アメリカ人になりたい」と思い続けて生きていたら、どんどんつらくなる。だったら、日本人としてどう生きればかっこいい人生が送れるかを考えるべきだし、僕だったら「アメリカの映画に日本人として出るなら、どんな日本人ならかっこいいかな」って考える。

映画監督って、すべての配役に感謝していると思う。誰か一人欠けても、その物語は完成させられないから、悪役にも、端役にも、エキストラにも感謝する。**自分が物語の主役であり、監督でもあるとするなら、登場するすべての人に感謝することが、自分の物語を愛することにつながり、幸せを呼び込む。**

混沌とした世の中だけど、自分の物語を愛し抜いて、一人でも多くの人に主体的な人生を送ってほしい。

強運思考ポイント

登場するすべての人に感謝すると、幸せを呼び込める

第3章

強運思考は、不正解を正解に変えるエネルギーになる

人によっては、不幸、マイナス、ネガティブに映ることでも、自分がそう思わないなら、それが絶対に正しい。今すぐ答えを求めないことで、いくらでも未来は変えられる。

「ない不安」より、「今ある安心」を意識しよう

不安を感じたとき、つい見て見ぬふりをしてしまう人……、いるんじゃないかな。あわてたり、早合点したり、見当違いの行動をしてしまう人もいるかもしれない。

もしも不安を感じたら、僕はまずその原因を徹底的に探る。

誰かが不安を煽ってきたとしても、自分の中に確信めいた真実があるなら、自分を信じる。自分自身が考え抜いて出した答えは、たとえそれが正解じゃなかったとしても、自分の自信を作っていく糧になる。だから僕は、**不安を感じたときは無視せず、大切なものとして扱っている。**不安を悪いものだとは思わない。悪いのはむしろ、不安を増長させる自分の理解度の低さのほうだろう。

よく考えてみると、**不安もあるけど、それ以上に安心があるはずだ。**

不安と安心は対立するものではなくて、共存するものだって考えてみてほしい。

「日本に住んでいる」「どこからもミサイルが飛んでこない」「銃社会じゃない」「毎日食べる物がある」――そういうたくさんの安心があることを忘れて、不安ばかり見ているからネガティブになってしまうんじゃないかな。

よそから不安を煽られることもあるかもしれないけど、たいていは自分が不安に思わなければいいことばかりだ。

たとえば、道を歩いていたら車が飛び出してくるんじゃないか、何かが落ちてくるんじゃないかとか、そんなことまで心配する生き方を選んだら、不安で心ががんじがらめになってしまう。

僕たちはどこかで折り合いをつけて、不安と共存しながら生きていくべきだ。見なくていい不安には目を向けない。それよりも安心に目を向けて、前向きになったほうがいい。

あるものを数えるけど、ないものは数えない。

そういう姿勢でいると、自分の周りにどんな不安がいくつあるのかが明確になる。

そうなれば、不安を解消するための対策も取りやすい。

心に生じたノイズや小さな揺らぎに気づく

不安は大きくなるとキツいから、僕は小さな状態のうちに対処している。

心に生じたノイズや小さな揺らぎが、大きな波になる前に、表層にいる自分が潜在意識をくみ取って、違和感をなくすために行動していく。時には自分の心に「まぁまぁ、いまは黙っててよ」って呼びかけることもある。

不安を解消するために、僕はちょっとしたザワつきでも、ちゃんと分析して向き合っている。


かつての僕は、湘南乃風での自分の見られ方とか、存在意義について不安に思っていた。音楽で生活させてもらって、素敵な家族がいて、応援してくれるファンのみんなもたくさんいて、安心できるはずなのに、不安にばかり目を向けていた。

でも、ちゃんと分析してみると、自分に実力が足りていないとか、認識が誤っていたとか、不安の原因が見えてきた。

そうかと思えば、「湘南乃風がなくなったら、俺は一人でやっていけるんだろうか」なんて、まだ起こってもいないことを考えて不安になったこともある。そんなふうに不安になる時間があるなら、もっといい歌を書いたり、歌詞を書くために勉強したり、歌の練習をしたほうがいいし、自分のキャラクターの生かし方を考えようって思えた。

不安はある、でも安心はもっとある。
そうやって考えられれば、不安と付き合っていけるし、要らぬ不安と向き合う時間は、自分を高めるために使ったほうがいい。

強運思考ポイント

あるものを数えるけど、ないものは数えない

「こんなもんじゃやねえ！」ともがき続けるのが「成長」だ

自分を成長させるために必要なものって、何だと思う？
学びや経験を積める環境なのか、相性のいい先生やコーチなのか、それともライバルの存在なのか。どれも大事だけど、僕は**「こんなもんじゃやねぇ！」って気持ちが鍵を握っている**と思っている。

いつだって前に進んでいる感覚を持っていたい。
現状維持は落ちている感覚になる。
飽き性なので、どんどん変化していきたい。

そんな性格だから、次々にいろんな場所に飛び込めたのだろう。

音楽に出合った直後に夢中になったヒップホップのＤＪから、レゲエの歌い手への転向は、人から見たらちょっとしたジャンルの変化に見えるかもしれない。でも僕にとってはとてつもない大きな変化だった。

レゲエミュージックをやっているうちに、僕たちの音楽は湘南乃風ミュージックに変わっていったし、湘南乃風ミュージックも時代とともに変化してきた。こうやって変化してこられたのは、常に前に進みたいと思っている僕にとってラッキーだった。

だけど、どんなに前に進んでも、湘南乃風も僕自身も「まだまだ、こんなもんじゃねぇ！」って思う。**現状に満足せず、もがき続けるのが通常運転で、「もっと頑張んなきゃ、かっこ悪いって思われちゃうよ」って感じている。**

いつだって足りないと思うから、できる限りのことをやって「ああ、これだけやってきたんだから」と自分を安心させている。「歩くパワースポット」として、神社に行きまくっているのも、そういう思いからだ。そうやって動き回るのは全然疲れない。

その一方で、自分が何者でもないのにチヤホヤされる状況に置かれるのは、すごく居心地が悪いし、「メッキをはがされるんじゃないか」と、びくびくしてしまう。そんなときは、「メッキがメッキじゃなくなるようにしなければ」と考える。

現在の自分が中途半端で、世の中の評価とイコールになっていない状態も結構キツい。そこに誤差があると感じたら、自分を高めて直さなきゃって思う。

無限に続く階段があるとして、これまでにどれくらいのぼってこられたんだろう。階段の途中で立ち止まるのって結構キツい。もし立ち止まって休むなら、安定した踊り場。2段下にある近い踊り場もいいけど、どちらかと言ったら見上げた先にある踊り場に上がりたい。

そして、そこで心を落ち着かせたら、「よし！」と次の高みを目指す。そんな感覚で常に上を目指していれば、振り返ったときに自分からも他人からもいい景色が見えるだろう。

強運思考ポイント

いつだって足りないと思うから、高みを目指して行動できる

「敏感」か「鈍感」か。「視野が広い」か「視野が狭い」か。磨き方次第で、どっちも自分の武器になる

「性格を変えたい」「コンプレックスを解消したい」、そんな声が聞こえてくることがある。でも、本当に直さなきゃいけないのかな? **見方を変えれば、その個性が自分の武器になる**ことだってあるはずだ。僕は、自分自身の経験からそんなふうに感じている。

自分の性格を語るうえで、**「鈍感さ」**は欠かせない要素だ。

僕をジャマイカに誘ったテラシーを筆頭に、僕を古くから知る仲間は「ショックはハートが強いから、タフだから」って言ってくれるけど、それは鈍感さでもあった。

夢を追いかけていて、普通だったら諦めてしまうような場面でも、僕は鈍感だから気づかずに「このままいったらヤバい」って場面でも全力で走り続けられた。行けるとか、行けないとかは、まったく考えない。**ただただ目の前のことに夢中になる。**

何にでものめり込んでしまうのは子供時代から変わらない。

大人からは、両手を顔の横に置いて前後に動かす、視野を遮《さえぎ》るようなジェスチャーで「お前はこれだからな」と言われ、視野の狭さを注意され続けてきた。

もしも僕がそんな子供の親だったら、周りが見えなくなるのも才能だと考えて、夢中になれるものを与え、能力を伸ばしていってあげるだろう。何の損得も考えず、目の前のものにハマれるのはひとつの才能だ。集中力が高いとも言える。そんな個性を磨いていけば、一点突破でエネルギーを注げる長所が育つ。「直しなさい」って言われて苦しむ必要もなくなる。

その逆に、視野が広くて、いろんな気配りができる子は、人を掌握するとか、そういう方面で才能を磨いていけばいい。それだって天賦の才だと言えるだろう。**周りが見えなくなるのも、周りがよく見えるのも、どちらの個性だって磨き方次第で人から認められる才能になる。**

僕は、集中しやすいとか、のめり込めるっていう部分をずっと失わずにやってきた。目の前のことに夢中になれるのは僕の才能だと思うし、それが周囲を気にせずに突っ走る鈍感力にもつながったと思っている。

第2章でも紹介した、2013年8月のライブ「十周年記念 横浜スタジアム伝説」で、僕は15歳の頃にまさにこの球場でボール拾いのアルバイトをした過去を振り返りながら、こんなMCもした。

何の才能も、何の個性もなかった俺
何のスキルもないけど
あのときからいまの自分が何も変わってないことがあるとしたら

なんだろう……鈍感なところ
自分の夢信じてたし、自分の仲間信じてたし、
いつもいつも、ケンカとかするけど、いつも信じてた
むかついたら気持ちぶつけて
気持ちぶつけられたら応えて
そうやって一歩一歩、一歩一歩、一歩一歩
みんなで歩んできたら……このステージに立ってるぞ！
やればできる、願いはかなう

何の準備もせず、即興でしゃべったことだったけど、考えていることは当時もいまもまったく変わらない。

ただ振り返ってみて思うのは、**僕が思う鈍感っていうのは、知識や世間の常識、普通の人の予測に対しての感度が鈍いってこと。一方ではめちゃめちゃ敏感に自分の直感にしたがって行動していた。**直感を信じてなかったら、レゲエのことがまだよくわからないのに、「誘われたから」っていう理由だけでジャマイカに行ったりしないと思う。

自分の鈍感さを「ハートが強いね」「タフだね」と言ってくれる人たちが近くにいてくれたのが、僕にとってはものすごく幸運だった。「あいつは人の心がわからない」「冷たい人間だ」「人でなしだ」って思うような人に囲まれていたら、僕はいまみたいな考え方をする人間になっていない。

凶器として使うのか、道具として使うのか

包丁を凶器として使うのか、料理を作って人を喜ばせる道具にするのかは自分次第だ。 若い頃の僕は、包丁の使い方がわからなくて、振り回して、人を傷つけたりしていたんだと思う。でも「そんなに切れ味の鋭い刃を持っているんだったら料理に使ってみなさい」「何かを削って違うものを作る道具にしなさい」って気づかせてもらえて、僕の手にあった包丁は凶器じゃなくなった。

僕が「鈍感さ」を生かして突っ走れたのは、自分のキャラクターを理解してくれて、うれしい言葉をかけてくれる仲間が一緒だったからだ。もしも周りから、悪い性格だととらえられていたら、僕はせっかくの個性を「直そう、直そう」としていただろう。

「鈍感さ」はよくない要素ととらえられがちだ。でも、**マイナスにとらえられがちなことでもプラスに変えられることを身をもって証明してきた。**みんなにもできるはず。とらえ方次第でこんなにも前向きになれる。運を引き寄せたいとき、目の前の出来事をプラスにとらえるには、こうした思考が役に立つ。

強運思考ポイント

包丁を凶器として使うのか、料理を作って人を喜ばせる道具にするのか。すべては自分次第だ

「負けん気の強さ」を「ハートの強さ」に変える

自分の強みがわかっている人は、自分らしい人生を送りやすい。自分のどの部分を武器にするのかを意識していけば、何かに挑むときに臆することがない。僕にとっては「ハートの強さ」がそれだ。

仲間内で僕は「ハートが強い」って言われてきた。

ハートの強さが養われたのは、間違いなく子供時代だ。当時の話を周りにすると、「不幸な少年時代だったね、かわいそう」って言われるけど、僕にとってはすべてが平常で、つらいと思ったことは一度もない。

僕が生まれた植村家は、大名家直系だからなのか、度を超えて厳しかった。テーブルマナーが特に厳しくて、食事中にクチャクチャ食べていたら、父親に後ろから頭を押し込まれて、顔面でお皿が「バリーン」なんてこともあった。

僕が子供の頃、バブル経済がはじけた影響で、父は仕事でいろいろ大変だったようだ。酔っぱらって荒れていることも多く、当時は恐ろしかった。寝ている間に、父親の夢を見てうなされ、小雨の中を寝ぼけたまま裸足で外に飛び出したこともある。

母は、愛情表現が得意なほうではなく、僕は抱きしめられたような記憶がない。でも、ワンオペで1歳年上の兄、僕、年の離れた弟の3兄弟を育てるのは相当大変だったと思う。

いばらの中に何か見たいものがあったら、平気で突っ込んでしまう――、僕はそういうタイプだった。家族はみんな生真面目で、僕一人だけが感情のままに動いてしまう。

家族から「そのままでいいよ」と思われている気がせず、家にいる間はいつだってプレッシャーを感じていた。

僕だけが妙に怒られる気がしていたけど、それで傷つくことはない。

その強さこそが自分らしさだった。

両親から褒められた覚えはほぼないけど、勉強でいい結果を出したときだけは褒められる。

僕はただただ褒められたかった。「勉強をやっていれば何かが変わるんじゃないか?」と思って、ピュアな気持ちで勉強にのめり込んだ。

やさぐれた気持ちになったことはない。

逃げたいという感情はなかった

兄は、朝8時に起きて、家から歩いて15分くらいの場所にある中学校に通っていた。

一方僕は、毎朝5時30分に起きて、鎌倉駅から6時27分発の横須賀線に乗って都内の中高一貫の進学校に通っていた。朝が強いわけでもないのに。

でも、兄貴がずるいとか、不公平だって感じたことはなかった。

家族から「偉いね」って言葉はなかったから、「行きたくて行っている」と思われていたのかもしれない。実際は、親が喜ぶと思ったからそうしていただけだ。

いま2児の父になった僕としては、「もうちょっとバランスとってくれてもよかったよな」って思うけど、うちはそういう家だった。だから僕は、扱いの悪さに慣れていた。

小学4年で受験勉強を始めてからは、全国模試で成績が数値化され、志望校別にランク分けされる世界だったから競争にはどんどん慣れていった。特に算数が得意で、偏差値は70くらいあった。一度、何万人が受けるような模試で25位を取ったこともある。そのときは親から褒めてもらえた。競争は好きじゃなかったけど、親から褒められたくて勉強していた。

結果が出なければ、負けん気をエネルギーに変えていく。現実を突きつけられるのが好きで、それを塗り替えてやろうと思える性格だった。逃げたいという感情はなかったし、そういう選択肢があるなんて知りもしなかった。

他の家がうちより甘いかどうかもわかってない。そんな子供時代の毎日によって、タフでハートが強い性格が出来上がっていったのだと思う。

でも、ハートは強ければいいってわけではない。世の中には、ハートが優しくて、敏感な人だってたくさんいる。大人になって、そういう人たちと対峙したときに、自分のハートの強さが異常なんだと気づくようになった。

子供時代に培われたハートの強さは、どんな競争にも耐えられる性格につながった。競争が嫌いなのに、セールスや人気で順位付けされる音楽の世界に飛び込んだのだから世話ないけど、湘南乃風の中で他のメンバーと比較されたときや、湘南乃風がデビュー後にレゲエ界から「偽物だ」「魂を売った」「レゲエ界の恥だ」とかバッシングを食らったときでさえ、僕は揺らがずにいられた。育ってきた環境のおかげだと思っている。

簡単にはへこたれないし、どこででも戦っていける。
自分の強みを生かせれば、どんな苦境も乗り越えられる。

強運思考ポイント

現実を突きつけられたら、それを塗り替えてやろうとエネルギーに変える

歩きたい道を歩くために、自分の思いが届くように考える

思うようにいかないときに原因を探ってみると、自分の思いが相手に伝わっていない場合がある。相手の思いをくみ取れていないこともあるだろう。「このぐらいで伝わるかな」と思っても、実際には足りなかったりする。

自分の思いを届ける、相手の思いをくみ取る。人間にとっての永遠のテーマだ。どうすれば伝わるだろうかと試行錯誤するのをさぼったら、独りよがりの寂しい人生になってしまう。それに、**人が運を運んできてくれるって考えると、思いを伝え合うことは強運思考の基本**だと言える。

だから僕は音楽を作るし、みんなとやり取りしたいし、こうして本も書く。そうい

う活動が僕は好きだ。

自分の表現がレベルアップして、新しい気づき、新しい感情に出合えるのも楽しい。そんなふうに思えるのは、子供の頃に、思いを伝えられないもどかしさを何度も味わってきたからだと思っている。

小学生の頃、隣のクラスの障がい児と取っ組み合いのケンカをしたことがある。いきなり腹を殴られて、それに応戦した格好だ。相手のほうが力は強かった。でも僕だけが一方的に「あの子に手を出すなんてありえない」っていう目で見られた。みんなの言い分もボヤッとわかったけど、僕は彼との間に優劣はないと思っていたし、フェアな条件でケンカをしたつもりだったから、怒られる意味がわからなかった。僕の思いは誰にもわかってもらえなかった。

「このままじゃロクな人間にならない」と言われ、僕は周りと違う性格を「直そう、直そう」としていた。そこに反抗心が生じていたし、自分を否定されているような感覚を味わっていた。

いつだって、頭の中には自分の正義があって、ケンカをするにしても何か理由があった。1歳年上の兄とのケンカでもそれは同じだった。でも、ケンカの理由を親に説明できず、一生懸命話そうとするほど「何を言ってるのかわからない」「ちゃんと話して」と言われてしまう。

いま思えば、僕の説明は支離滅裂だったんだろうし、語彙力も足りなかったのだと思う。ただ、親が僕の言い分をじっくり聞いてくれる感じではなかったし、兄は弁が立つから、不公平さを感じることも多かった。

あの頃、とても苦しかったから、思いを伝えられない人がいるとくみ取りたくなるし、仲間内の輪の中で寂しそうにしている人がいると、すごく気になってしまう。

伝わらないもどかしさも武器に変えられる

そういう性格が養われたから音楽を仕事にできたのかなって思っている。

大義を掲げ、カリスマ性や才能を存分に生かして思いを表現していくアーティストもいるけど、僕はどちらかというと、地球の隅っこで体育座りしている人の心に寄り添いたいタイプだ。そういう相手にどうすれば思いが届くかを人一倍考えて歌を作っている。

届かないことが前提で、相手の立場になって、丁寧に歌詞を作り込む。「これじゃあ、思いを伝えられない」と思ったら、もっとピッタリくる言葉を探し、いくつもの候補の中から一番のワードを選んで、納得いくまで歌詞を考え続ける。

それができたから、音楽の才能がなくても、歌がそれほど得意じゃなくても、楽器が上手じゃなくてもアーティストになれたのだろう。

湘南乃風のメンバーにも、僕は自分の思いを伝え続けた。同時に、メンバーたちも僕に思いを伝え続けた。

彼らとは、僕自身が歩きたいと思って歩んできた〝レゲエミュージック〟という名の道で出会った。その道には不安がたくさんあったし、伝わらないもどかしさも味わったけど、思いを伝え合いながら前に進めた。そして、僕らの歩いたあとが湘南乃風という道になった。

歩きたいと思って主体的に歩いている道で出会う人物は、間違いなく自分にとって大切な相手だ。そういう相手に自分の思いを伝え、相手の思いを知ることは、確実に人生を好転させる。思いが伝わっている者同士で行動していれば、互いにマイナスとなる選択をせずに済むから、次の一歩は必ずプラスになる。

その逆に、歩きたくない道を歩いていたり、どれが自分の道なのか選べずにぼんやりしていたりすると、自分を引き上げてくれる相手と出会えない。望まぬ流れに振り回されて、不運につながっていく。人生を好転させたいなら、歩きたいと思える道に移動するか、いま歩いている道を〝歩きたい道〟にするか。とにかく自分の道を見直したほうがいい。

自分の選んだ道を歩いて、出会った大切な相手に、自分の思いを丁寧に伝えていく。そうすれば、やり取りのなかで生じた出来事が、自分をより楽しい未来に連れて行ってくれる。

強運思考ポイント

出会った大切な相手に、自分の思いを丁寧に伝えていく

同じ過ちを繰り返さない生き方をする

自分が犯した過ちや失敗が戒めとなって、その後の人生が大きく変わることがある。

どれだけ落ち込んだとしても、いつの日にか「あの経験があったからいまの自分があるんだ」って考えられるようになれるのが強運思考だ。


小3のときの話だ。

釣りの帰り道、漁師さんが放し飼いにしていた犬が子犬を3匹くらい産んだらしく、「持っていっていいよ」と言われ、1匹を連れ帰った。柴犬系の雑種で、毛色は茶系。ジロと名付けられ、植村家の一員になった。

家の軒下に置いた小屋で飼っていたから、四六時中べたべたするような感じではなく、散歩に行っては一緒になって「わー」っと走り回る。僕とジロは友達みたいな関係だった。

生真面目な家族のなかで一人だけ異質だった僕にとって、ジロは大切な理解者でもあった。家を閉め出された僕は、ジロの犬小屋で一緒に寝たこともある。ジロは僕にとって、愛情のルーツと言える存在だ。

子供時代から動物好きだった。

ジロを飼う前には、小1のときに拾ってきたタロっていう猫を飼っていた。小5のときにタロは行方不明になっちゃったけど、その後に2代目タロも家で飼っていた。巣から落ちたツバメを拾ってきて「飼いたい」って言っていたこともある。

いま思えば、満たされていなかったのだろう。

思春期に入ってからは、僕が家で過ごす時間が減った。ジロのことを忘れてはいなかったけど、一緒に過ごす時間はすっかり減っていた。その間は、母がジロの面倒を見てくれていたようだ。

そんななか、家から電話がかかってきた。「ジロがもうヤバい」。そのとき確か、僕は21歳。短大に入って2年目で、大学の仲間の家を泊まり歩いていたから、ジロに会うためにあわてて実家に戻った。

ジロは僕を見ると、よれよれになりながらも、尻尾を振って近づいてきてくれた。大腸がんで、もう長くはないという。

ジロが僕のことを覚えてくれていた。それがうれしかった。その場には僕とジロだけだったから、このときばかりは大泣きした。長い間、かまってあげられなかった申し訳なさの涙だったと思う。泣いたら負けだとは思っていたけど、あの涙はそういう類いの涙ではない。

次の日、ジロは旅立った。


そのときの後悔があったから、妻と結婚前に同棲するなかで飼い始めた2匹のチワワ、ファニとアップには、思いっきり愛情を注いだ。

妻は昔から小型犬を飼っていたため、愛情表現がうまい。植村家の人間からしたら異常とも思えるほどの接し方をする。最初はカルチャーショックを受けたけど、スポーツで上手な人と一緒にプレーしていると自分もうまくなるのと同じで、僕もファニとアップへの愛情表現ができるようになっていった。

ペットとの接し方を見ていると「植村家と妻の家族は根本的に違うんだ」と思うほどギャップがある。結局僕は、妻側の流儀になじんでいった。

愛情表現を学ぶ

損得勘定抜きに、無償の愛でぶつかってきてくれるファニとアップを受け止めるには、こちらが変わらざるを得ない。2匹はドーンとぶつかってくる「愛の塊」みたいな存在だった。その感覚は、僕がかつてジロから感じていたものと同じだった。

僕は自分をドライでクールな性格だと思っていたけど、こうした経験を通じて、愛情を表に出していいんだと知った。

僕は、自分が本来持っていた愛情の表現方法をわかってなかった。だんだん、愛情の使い方や、出し方はうまくなっていく。

表現しているうちに愛情は深くなっていくし、こちらが与えれば愛情は返ってくる。

あの頃、ジロを大切にできなかった後悔が戒めとなって、僕は自分を変えられたのだと思う。体験を糧にして、**同じ過ちを繰り返さない生き方ができれば人生を好転させられる**ことを、僕はジロから教わった。

強運思考ポイント

犯した過ちや失敗が戒めとなって、自分を変えられる

目の前で起きたことは、「正解」だととらえる

奇跡的なめぐりあわせで音楽を始められたことも、湘南乃風としてデビューできて音楽で家族を養えていることも、歩くパワースポットって呼ばれて日本中に僕の噂が広まったことも、どれも普通のことではない。

高校を退学したのがきっかけで音楽と出合い、それが湘南乃風につながったって話にも書いたけど、僕は「人間万事塞翁が馬」という言葉が、すごく的を射ていると思っている。

いま正解だと思っていることが、この先不正解になるかもしれない。いま不正解だ

と思っていることが、この先正解になるかもしれない。正解も不正解もわからないんだったら**「自分の目の前で起きたことが正解なんだ」**とか、**「起こるべくして起こったことなんだ」**って思ったほうがいい。

他の人が不正解だと思うようなことでも、僕の中で正解になればいいと思っている。**自分が正解だと思えるものを打ち続けていくと、それまで周りから不正解だと思われていたことが、正解に変わる瞬間が訪れる。**

僕はそういう瞬間を何度も見てきた。

湘南乃風がそうだ。レゲエ界からバッシングを受けて「なんだあいつらは」って言われてきたけど、僕らの曲が誰かを救っている、誰かのためになっているって確信していたから、何を言われても前に進むことができた。

「歩くパワースポット」としての僕は、いまよりもっともっと高みを目指している。「誰かの背中を押す仕事なんだ」「誰かに勇気を与える仕事なんだ」って思えたから、それに見合う努力を重ねてきた。それがいまは自分だけの正解でも、いつかみんなにとっての正解になっていったらいいと思っている。

「歩くパワースポット」の活動に力を貸してくれる人が増えて、大きなムーブメントになっていったらと思う。僕はもっともっとみんなの背中を押していきたい。

正解か不正解かを気にして動き出さなかったら、結局何も起こらない。

目の前にあるものを、正解にするのが自分だし、不正解にしてしまうのも自分だ。

そうやって考えられるようになれば、悩みや不安が減っていく。

目の前の出来事を自分なりの解釈で「正解」だととらえて、自分の目指す方向へ進んでいってほしい。

強運思考ポイント

他人が不正解と思うことも、いつか自分が正解にすればいい

答えを知ることが大事ではない。人生は楽しんだもの勝ち！

ものの価値は曖昧だ。

自分がどんな価値を見出し、そこにどんな説明文を添えるかによって、見られ方が変わる。絵につける解説も、何を書くかによって、世紀の芸術品になるのか、駄作になるのかがが変わる。価値があるかないかなんて紙一重だ。

でも、人が思いを込めて作ったものって、本当にパワーがあると思う。

たとえばレオナルド・ダ・ヴィンチ作の名画『モナリザ』。こんなに長い間、人を魅了し続けているのは、作品に対する作者の思いと、その絵に乗っかっている人々の思いが、目に見えないオーラみたいなものになって、「これはヤバいものだ」「なんだかわからないけどすごい！」と、動物的な勘に訴えるものになっているのだと思う。

神社も一緒。人の思いがその場所に乗っかっているから、それが気配としてたまっている。

気持ちいい場所だという思いがたまることもあるし、怖い気配がたまることもある。目に見えないものの話だから不確かだけど……。

人が丹念に作ったものからも気配を感じる。何かわからないけれど、「すごいことをしないと作れないよな」っていう感覚、気配。漫画に出てくる「念」とか「スタンド」のような解釈もあるけど、ああいう描写が成立するのって、つまり「そういうものを人が感じているから」だと思う。

分析したら、何か物質でも出ているのかもしれない。

でも**僕は、その答え合わせをしないからこそ、素敵なんじゃないかと思っている。**

「歩くパワースポット」という、正解のない肩書きに僕が魅力を感じているのは、誰もつかんだことのない感覚や、誰も見たことがない光景に出合えるかもしれないとワクワクできるからだ。

歌作りにも似た感覚がある。もがいて作り上げて、さらに歌った先の世界があるのが面白い。歌えば歌うほど、マインドによって違うものになっていく。

主体性のある人生を送る

未来が見えるとしても、見なくていい。

実際にオーラが見えている人はいるのかもしれないし、見えていると言っている人はインチキかもしれない。それも僕にとってはどっちでもいい。

答えがわかってしまったらロマンがないし、答えがわかっているものには魅力を感じない。僕は可能性を信じたい。可能性があるほうが面白いと思う。

自分で探求し、言葉を紡いで、会話を交わしたりすることが僕は好きだ。

自分の解釈があって、自分で説明文を作れて、それを自分が信じられればいい。

幸せを感じて、前向きになれて、力を発揮できればなおいい。

見えないものを信じられる人は夢を信じられる人だ。

ギリギリの根っこの部分までは学べたとしても、最後の一手、二手くらいを自分の解釈で、自分の中に持ちたい。外で食べるおいしい料理だってレシピを知らないほうが「わー、うまい」って楽しめる。知ってしまうと「そんなもんか」って楽しめなくなる。

損得勘定を気にして、答えがわからないと前に進めない人は答えを欲しがると思う。でも、答えをひとつ知れたとしても、その奥にまた自分の知らないものが待っていたら、ずっと繰り返していく人生になる。それでは、いつまでも答えが出るまで踏み出せない人生になる。

答えがわからなかったら踏み出せない人生は主体的じゃない。

僕は主体性のある人生を送りたい。

どこかにロマンを感じて、ダメかもしれないけど自分でやってみたい。できたときの喜びや、アドレナリンが出る感じ、幸せホルモンがバッと出る感じを味わいたい。

答えを知ることは大事ではない。人生は楽しんだもの勝ち。答え合わせはせず、楽しむことが大事だ。

目の前で起きたことは、ただ「起こるべくして起きた」と考える。そのうえで、前向きに解釈して、すべてを楽しんでいこう。

そうすれば、振り返ったときに「幸運だった」と思える人生を送ることができるはずだから。

強運思考ポイント

目の前で起きたことは、ただ「起こるべくして起きた」と考え、答え合わせをせず楽しむ

第4章

強運思考は、自分を認めて走り続けることで磨かれる

自己肯定感は低かった。誰よりも不安だった。承認欲求は人一倍強かったからこそ、動き続けて貪欲に活動できた。常に前を見て走り続けてきたことで運気は磨かれるのだと思う。

承認欲求を味方にすれば、自分を高められる

承認欲求は誰しも持っているものだ。でも、ベクトルを間違え、度を超えてしまうと、煙たがられてしまう。自分の心にある「認められたい！」という思いを、どう形にしていいのかわからなくて、気持ちを持て余している人もいるだろう。だからといって、自分の承認欲求にフタをしてしまう必要はない。

僕自身、承認欲求は人一倍強い。

承認欲求をエネルギーにして生きてきた自覚があるし、欲求を満たしていくなかで、自分が作られていったと思っている。

幼稚園の頃から、僕は何度も頭にけがをした。何かを踏んづけて転んだり、1歳上の兄に起き上がり小法師で殴られたり、木から落ちたり。子供時代に、病院で頭を縫われた回数は計6回。6針ではなくて、6回だ。1回も麻酔してもらえなかったけど、僕は一切泣かなかった。「泣いたら負けだ」と思っているのと同時に、病院の先生から「強いね」って言われるのがうれしかったのを覚えている。「頭パカッ、血がダラー」っていう状況にもかかわらず、「泣かない僕、すごいでしょ?」って思ってた。我ながら、すごい承認欲求だなって思う。

小学校の頃、勉強を頑張ったのは、いい点数を取って両親から褒められたかったからだった。褒められると、自分を認めてもらえた気がしてうれしかった。

中学高校時代は、身近な友達が喜ぶなら、一人で誰かをぶっ飛ばしに行ったし、平気で危ないこともした。その先に痛みが待っているとか、恐怖が待っているとか、そんなことよりも、仲間から必要とされている喜びが大きかった。

レゲエを始めたのも同じ。とにかく仲間から認められたかった。

ありのままでいられる場所で、仲間から認めてもらい、自分の曲や歌を「いいね」って言ってほしかったからだ。

誰かから褒められて「役に立てたでしょ？」って思いたいから、自分の存在意義が薄かったり、人の役に立てなかったら落ち込む。ふがいなくて、実力不足だったときは、すぐに自分を磨き直す。僕はそうやって生きてきた。

「承認欲求を捨てろ」と言う人がいるけど、僕の考えはその逆だ。僕は、自分自身の承認欲求を理解して自分を高めて、最終的に自分で自分を認められるようにしていく。

僕は承認欲求を満たすために、勉強や音楽で自分を磨いてきた。

アーティストの場合は、事情が特殊かもしれないけれど、**普通なら家族や友人といった身近な人に、自分の価値や存在を認められれば、前向きに生きていける**だろう。

褒められたい、認められたいという思いが強すぎて、自分自身がブレたり、思った反応が返ってこなくて落ち込んだり、自分を見失ったりすると、本当になりたかった自分になれなくなる可能性がある。

誰かの評価基準ではなく、自分がやるべきこと、やると決めたことをやり切るのが重要だ。

承認欲求を利用すれば自分を高められる。そのエネルギーを使って、目指しているゴールに向かえばいい。

強運思考ポイント

誰かの評価基準ではなく、
自分がやるべきこと、やると決めたことをやり切る

誰も見ていないときに何をするかで、心に自信が育つ

一時期、人に誘われてボクシングをかじっていたことがある。

ロードワークに出るとき、僕は必要ないのに手にバンテージを巻いていた。パーカーのフードを目深にかぶったりもして、自分がロッキーになったような気分で「俺、なんかスゲー。誰も見てないけど、夜中に一人で走ってる！」みたいに、自分に酔って、そういう自分に没頭していた。

その瞬間は、自分が何者でもないものになれる。

神社に行ったり、山に登ったりしていると「何やってるんだろう」って思うけど、そんな自分に僕はこう声をかける。

「お前スゲーな、誰も見てないのに、みんなが『何やってるの？』っていうことを、黙々とお前はやっている。それってかっこいいじゃん!!」

アーティストである僕がボクシングのロードワーク、神社めぐり、登山など、他人から見れば「何やってるんだろう」っていう行動でも、重ねていくと心に自信が育つ。

「誰かが見ているからやる」「評価してもらえるからやる」ことも大事だけど、それがすべてになってしまうと、損得勘定が先に立つようになる。こうやったら褒められるとか、こうすれば失敗しないみたいな、ノウハウや方法論の話としてはいいけれど、僕が大事にしているのはそういうことではない。

大切なのは、「自分で自分を評価すること」だ。

できれば誰も見ていないほうがいい。

たとえば、駐輪場で自転車がバーッと倒れていたら、誰も見てなくても直す。そうすると、心に清々しいものが残る。承認欲求が強い僕としては「感謝されたい」という思いもあるかもしれない。でも、**誰に承認してもらえなくても、やる。**

寄付もそうだ。影響力のある人が、目的を広めるために「寄付をしました」と宣言するのもいいと思うけど、**自分しか知らない善行をするのが大切だ。その行いが自分を大きく強くする。**神社でのおさい銭や奉納も同じだなって思う。

損得勘定抜きに行動して、自分自身を誇れるようになってほしい。人知れず積んだ善行が、自分の自信になっていく。

強運思考ポイント

損得勘定抜きで人知れず行動することで、自分を誇れる自分になる

比較や競争で生じる「いい効果」だけを活用する

誰かと比べられたり、競わされたりするのが得意じゃない人って多いんじゃないかな。自分が相手より劣っている場合はなおさらだ。でも、ネガティブな面ばかりではないのも事実だ。長年、比較や競争のなかで生きてきた僕にはそれがよくわかる。

子供時代は常に成績でライバルと比べられて育ってきたし、音楽シーンでセールスや人気で比べられてきたから、**競争心は鍛えられてきた。だから僕は負けん気が強い。それが比較や競争が僕にもたらしてくれたいい効果だ。**

競争はあんまり好きじゃないけど、**悔しいと思ったら頑張って、負けないようにそ**

の状況をエネルギーにしてきた。

でも、競争には悪い面もある。人の足を引っ張るとか、人を落として自分を上げて優越感に浸るとか、誰かをうらやんで卑屈になるとか。自分を卑下する結果になるようなことを、僕は絶対にしたくない。たとえ相手に勝ったとしても、「イエーイ、勝ったぜ！　お前のほうが下だ」みたいな感覚になることもない。

SNSにも似たような二面性がある。

インスタグラムを見ていると、いろんな生活をしている人がいるなって思う。投稿をチェックする際は、「やる気が起きる」「学びがある」「自分のアイデアのもとになる」といった受け取り方で自分に落とし込むことが大事だ。誰かの言葉を聞いたり、ノウハウを吸収したりするような使い方もできる。

でも、誰かの暮らしをうらやましがったり、自分の暮らしと照らし合わせて不幸を感じたりするのはナンセンスだ。

そうやって誰かと自分を比較することを突き詰めていくと、「なんでこの国に生まれたんだろう」とか「なんで自分はこの時代に生まれたんだろう」みたいなところにまで行きついてしまう。

ないものねだりをすることにはまったく意味がない。

いま自分にあるものを認めて、それらを誇りに思う生き方のほうが心は豊かになる。自分の置かれた状況や、手にしているものをありがたがって生きていくべきだ。

自分は自分、人それぞれの役目がある

湘南乃風で、他のメンバーのうらやましいところばかり探してしまう時期があった。でも、自分がそのメンバーになれるわけではない。他のグループにあこがれることもあったけど、そういう考えはキリがない。

人にはそれぞれの世界があって、それぞれの生き方があって、それぞれの正解がある。**「自分は自分、人それぞれの役目があるんだ」**って考えるべきだ。誰かと比較して、自分の立ち位置が安全かどうかを確かめるよりも、**自分が置かれている状況を肯定し**

て、少しでも明るい気持ちで前に進む工夫をすることに時間を使ったほうがいい。

だけど、比較されて育ってきたから、僕はついつい誰かと自分を比べてしまう。

そんなときは、**比較や競争によって鍛えられる競争心や負けん気の強さといったたい効果だけに注目して、悪い効果は捨てる**ようにしている。そうやって自分を高めていった先で人生を振り返れば、誰かと競い合った時間も必要だったと思える。

他者から評価されることで、自分の歯車が回り始めたら、そのときに生まれた前に進む力を利用して、あるところから自走できるようにしていきたい。他者から離れて、行動の精度を上げ、よりよく進んでいけるように、意識していってほしい。

強運思考ポイント

置かれている状況を肯定し、明るい気持ちで前に進めるよう工夫する

自分の色を鮮明にしていけば、オンリーワンの存在になれる

強運思考を実践するには、自分の色を鮮明にしていくことが大切だ。自分が選んだ色をどんどん鮮明にしていければオンリーワンになれる。オンリーワンになれば競争相手が減って、周りに振り回されなくなる。だからチャンスをものにしやすくなる。

色の話を戦隊ヒーローにたとえるなら、リーダーやセンターを務めるのはアカレンジャー、サポートで脇に回るのがアオレンジャーやミドレンジャーみたいなイメージだろう。僕自身はセンターより両脇に立つほうが心地いい。僕は、アカレンジャーよ

りも、アオレンジャーやミドレンジャーのようなタイプだ。

アニメや漫画を見ていても主人公を好きにならない性格で、『ONE PIECE』ならルフィを選ばないし、『ドラゴンボール』でも孫悟空ではなくベジータやピッコロを選ぶ。湘南乃風でも、僕はそういうポジションに立つことが多い。中心からちょっと外れたところに立っていたい。


組織の全員がアカレンジャーを目指す必要はない。

だけど向上心を持って活動していると、いつもスポットが当たるアカレンジャーに嫉妬してしまう瞬間や、「アカレンジャーにならなきゃダメ」みたいに感じてしまうことがあるだろう。

そういう感覚にとらわれると、やりたくないことをやって苦しい思いをしてしまう。アカレンジャーを目指す人ばかりのグループで浮かないように、「色の薄いアカレンジャー」みたいなことをやり続けて、自分らしさを出せなくなるかもしれない。

もしも、そんなふうに苦しんでいる人がいたら、僕は「本当に赤になりたいの？」「本当は青がいいと思ってない？」って声をかけたい。

一人ひとりが主役になれる

青でいいのに「赤にならなきゃ」と思っている人って、アオレンジャーであるがゆえに自分にスポットが当たらなかったり、なんとなく周りから軽んじられていたりする気がして悩ましいんだと思う。僕も、湘南乃風でデビューした当初、アカレンジャーじゃなければカメラがこっちを向いてくれないと思い込んで、「フェアじゃないな」と不満を感じていた時期があった。

でも実際は違う。

アオレンジャーもメインだし、ミドレンジャーもメインで、組織に所属する全員に役割がある。一人ひとりが主役だ。青でも、緑でも、**自分の好きな色を選んで、そこでカメラを向けてもらえるような質の高い仕事をしていれば周りから認めてもらえる。自分が担っている役割への自負も生まれる。**

周りがアカレンジャーを目指しているなかで、思い切ってアオレンジャーをやれば「個性的なあいつを呼ぼう」「あいつがいないとカッコつかないよね」っていう話にもなるはずだ。「アオレンジャーを呼ぶんだったら、ミドレンジャーも呼ぼうよ」という展開だって考えられるだろう。

そして、色とりどりのキャラクターがしっかりと確立してこそ、グループは強くなる。

違う色になれないことに悩まなくていい。

強運思考を意識するなら、自分の色を鮮明にしていくことに力を注ぐべきだ。

強運思考ポイント

自分の好きな色を選んで、自分らしさを出せばいい

無理して自分を変えようとしなくていいんだ

誰かと比較される以前に、自分の短所や弱点、コンプレックスに悩んでいる人って多いと思う。**無理に自分を変えようとすると苦しくなる。だったら、見方を変えてポジティブにとらえたほうがいい。そうすれば、これまでよりも自分を認められる**ようになる。

デビュー前の僕は、レゲエミュージックを続けていくなかで、色白なことがコンプレックスだった。周りはみんなB系ファッションで丸刈り。肌がこんがり褐色で、いかつい雰囲気が漂う連中ばかりだった。

そんななかで、僕は自分のコンプレックスをネタにして『Mr・White』という曲を作った。

「色白なミスターホワイトは、日に焼けると肌が赤くなり日焼けできないけど、プレイボーイだからあそこはガングロ……」みたいな内容の歌詞で、オチは下ネタだけど、自分のキャラクターに合った曲だった。

レッドが出演した収容人数1000人くらいのライブに飛び入り参加させてもらい、『Mr・white』を披露したら、経験したことがないくらいドーンと大ウケだった。満員の客席から反応があって、僕の歌が届いた気がした。

「音楽って自分で完結するものじゃなくて、聞いてくれる人がいて完結するんだ」という感覚を初めて味わったのはこのときだ。

普段は辛口な先輩から、本番後に「お前、いつもより真剣だったな。あの真剣な感じはいいよ」って言われたのを覚えている。


その日、ステージに立ったわずか2~3分で、レゲエ界での僕への評価は激変した。

「ミスターホワイト、色白ディージェイ――、ショックアイっていったらあいつだろ」みたいな感じで、僕はレゲエ界で知られる存在になれた。

コンプレックスだった色白という要素は、とらえ直すことで自分のアイデンティティになった。

自分の殻を破る

デビュー後間もない頃にはこんな経験もした。

当時僕は、メンバーの雰囲気に合わせて、帽子を目深にかぶっていかつく見せたり、カメラを向けられればあえてにらみつけたりしていた。だけど、どことなくなじめなくて、ぎこちなさが否めない。

ラジオ局でパーソナリティから「あれ？　こんな人いたっけ、湘南乃風に」って言われたこともある。少しも悪気がないのはわかるけど、自分の存在がグループの中で空気みたいな感じになっているんじゃないかって気がして、その瞬間は言葉が心に刺さった。

その頃、彼女にこんなことを言われた。

「帽子を取りなよ。金髪にして出ちゃいなよ」

思い切ってその通りにしてみたら、〝金髪の人〞という印象が世の中に広まっていった。

その行動で僕は自分の殻を破れた。自分に自信を持てるようになって「ショックアイは孤高でいいんだ」と思えるようになった。

弱点だと思っていた部分をストロングポイントとしてとらえる。短所だと思っていたポイントを長所としてとらえる。一連の経験から、それが僕の考え方の基本になっていった。

でも、色白ディージェイが強みになったように、また、グループで目立たない存在だったことを「孤高でいいんだ」と思えたように、とらえ方次第、伝え方次第で結果は変わる。

だからこそ、自分なりの表現を積み重ねて「歩くパワースポット」をもっと確かなものにしていこう。それが僕の使命だと思っている。

強運思考ポイント

コンプレックスはアイデンティティ、弱点はストロングポイントととらえる

満たされたいのに満たされない自分が好きだ

「満たされたい」って望んでいるけど、満たされない感覚がずっとある人って、本当は満たされたくないんだと思う。満たされない自分を認めて、「俺は満たされない自分が好きなんだ」「満たされないのが通常運転なんだ」って思ったほうがいい。

その都度、ちょっとした成功体験の喜びはあるけど、それはすぐに乾いてしまう。

僕自身、満たされたいけど満たされないタイプなので、足ふきマットのすぐ乾くヤツみたいな素材で、自分ができているんだと思っている。自分を作っている素材は変えられないから、喜びを注ぎ続けるしかない。

満たされない自分について考えると、「親父に似てるんだろうな」って思う。

父は、一家だんらんの雰囲気になると突然不機嫌になった。推測だけど、一人っ子だった父は、子供時代寂しかったから、兄、僕、弟の3人をつくったんだと思う。でも、いざ両親と3兄弟の家族5人でわーっとなったら、そこに戸惑いがあったのだろう。それで距離をとる。一家だんらんの雰囲気に少しなじめないようだった。

僕は、仲よしこよしでいると居心地が悪くなることがある。そこに入れてもらえているのにどこか疎外感があって、なぜか入れてもらえていない感じがする。それで「やめようやめよう、仲よしこよしやめよう」みたいに思ってしまう。でも、一人でいたいわけではない。いつも「一歩退いたところが気持ちいい」という感覚で生きてきた。

満たされないとか、満たされたくないとかって、現代病なのかもしれない。他者から見ると不幸だけど、本人は幸せを感じているという、ワーカホリックの一種のようなものとか。毎日馬車馬のように働くことが、自分の幸せなんだと気づくべきだろう。

僕は人から褒められたいのに、めちゃめちゃ褒められると心地悪さを感じる。できれば、どこかに書き込まれている褒め言葉を、自分のタイミングで見かけるくらいがありがたい。これも「満たされたいけど、満たされたくない」の一種だろう。

喜ぶべきことに戸惑って、それを恐怖と勘違いし、味わったことのない変な感情だと受け止めてしまう。

話題の中心にされるのはうれしいんだけど、どこか居心地の悪さがある。でも、そこから外れたいとは思わない。僕もそんな矛盾をはらんでいる、面倒くさいやつだ。

やがて、**いい結果が出るようになると、また足りない部分を探し始めて、「俺にくれ、足りないものを！」と叫びたくなる。**でも、それが次の成長につながる。

満たされないっていう思いを、僕は自分の仕事の大義や糧に変えてきた。**満たされたいのに満たされない自分を好きだと認めて、足りない部分を見つけて成長し続ければ、どんどん前に進んで行ける。**

強運思考ポイント

いい結果が出ると、足りない部分を探し始める。それが次の成長につながる

自分の居場所が見つからない人へ。僕が居場所になりたい

「自分の居場所が見つからない」

そんな悩みをよく聞く。

でもそれって、見分け方がわかってないだけなのかもしれない。また、自分の居場所があるからといって、その場でわがまま放題をしていいわけでもない。自分の居場所での振る舞い方が見つからない人もいるだろう。

どこにいたって、そこにいる人たちとチューニングが合えば「自分の居場所だな」って思える。**自分の居場所がひとつでもあれば、人生を肯定できる。自分の人生を愛せる人に運は舞い込んでくる。**

僕にとっても**「居場所探し」は人生の大きなテーマ**だった。

これまで語ってきた僕の人生を振り返ってみると、それがはっきりとわかるだろう。

子供のころ、家族はみんな人と違うことをよしとしない性格だったので、タイプの違う僕だけが疎まれた。その上、自分の思いを表現するのが不得意だったから、つい手が出てしまって小学校では問題児扱いされる。僕のことを認めてくれる場所は、どこにもないような気がしていた。

中学、高校では問題を起こすグループの仲間に入った。グレている感覚や、悪いことをしている意識はなかった。休み時間にカードゲームをする友達や、放課後に誰かの家でテレビゲームをするような友達もいて、僕にとっては全員同列に「居場所をくれる人たち」だった。

でも、高校を退学して、そんな居場所もはかなく消えた。

大検予備校の仲間や、そこで出会ったヒップホップ、音楽を通じて知り合った遊び仲間たちとの空間も快適だったけど、みんなが受験や就職を迎える中で関係が薄れていき、僕は引きこもるようになった。

けれども、すべてをあきらめたわけではない。

誰かから自分を認められて、その相手のために頑張るような生き方が僕は好きだ。

だから、僕は自分の居場所を求め続け、ジャマイカに飛び込んだ。

その結果レゲエミュージックや湘南乃風が僕の居場所になった。

でも、それで終わりではない。

自分にとって絶対的と言える湘南乃風という居場所が見つかっても、僕はこのグループに自分がいる意味をずっと探していた。

もしも、自分なしで何もかもが進んでいたら、僕は湘南乃風に自分の居場所を見出せなかっただろう。「おまけ」じゃイヤだし、頼ってばかりではなく、頼られる存在でありたいっていう思いが常にある。湘南乃風という居場所を見つけて、人から求められるようになってからは、責任感も強くなった。誰かを満足させたいっていう気持ちも強い。

こんな生き方を「大変そう」って思う人もいるかもしれないけど、僕はこういう人生しか知らない。これが当たり前だと思っている。

結婚し、息子が生まれてからはさらに価値観が変わった。

妻といると「自分の居場所はこの人の隣だな」と思えたし、2人の息子が僕に無償の愛をくれる。家族が僕にとっての絶対的な居場所になって、僕は一気に無敵になったような気分になった。

湘南乃風のメンバーたちからも「ショックは子供ができて変わった」って言われている。

人の喜ぶことをしよう

自分がその場所にいることで、周りが喜んでくれたり、話が盛り上がったり、楽しいことが増えたりすれば、そこにずっといたいと思うようになる。一方で、自分が嫌悪するような、感覚的に避けたくなるような場所からは遠ざかる。「何かしてもらえるから」みたいな理由があったとしても距離を置く。

一緒に過ごす相手に対しては「自分はこの人に何をしてあげられるんだろう」って考える。できることがなかったら「その場所にいる資格がないんじゃないか」って思ってしまう。「人の喜ぶことをしよう」、それが僕にとって大事な指針になっている。

自分の居場所を見つけるのは、ありのままの自分を認めてくれる人や、何の垣根もなく無償で愛せる相手を探すことと同じだ。自分の居場所が見つかったら、そこにいる人たちが喜ぶことを全力でやり抜くだけだ。

いま、自分の居場所を足し合わせたら、おつりがくるくらい余裕がある。ありがたいことだ。仮にどこかが円満じゃなくなっても、補いあって埋め合わせできる。

だから、**いま居場所がない人には、僕が居場所になりたいと思う。**

強運思考ポイント

居場所が見つかったら、そこにいる人たちが喜ぶことを全力でやり抜こう

生きている限り、最後の最後まで人の役に立ちたい

僕があこがれるのは、職業や性別を問わず死ぬ直前まで一生懸命で、人に笑顔を与え続けた人たちばかり。僕もそういう人でありたいなって思う。

僕にはバーッと大きく成功して「じゃあ、さようなら」とあっさり引退するみたいな気持ちは一切ない。そんなふうに自分の人生を終わらせたくない。

自分が生きている限り、僕は最後の最後まで人の役に立ち、そして死にたい。

家族の役に立つのでもいいし、友達の役に立つのでもいい。

いまみたいな、表に出る仕事じゃなくてもいいけど、できればより多くの人の役に立ちたい。

死ぬのは明日でもいい。最期を迎えるその日まで、何かを生み出し続けたいし、誰かに与え続けていきたい。

「歩くパワースポット」と呼ばれてから、神社と出合い、神社に行き、日本という国が好きになった。だからこそ、〝故郷〟であるこの国を「素敵な場所だったな」と思って人生を終わらせたい。

個ではなく、住んでいる場所を認めることが、自分を認める大きな根幹になるはずだから。そこを失っていては、きっと本当の意味での強さは手に入らない。

そんなふうに感じるのは、ジャマイカでの体験が影響している。

ジャマイカで出会った人たちは、自分がジャマイカ人であることをちゃんと誇れていて、自分たちの言葉で、自分たちの街の話や、自分たちの身内の話を歌にしていた。カルチャーや生き方が音楽に乗っているようで、それが自分たち自身を認めていくことにつながり、そして、人を動かすエネルギーになっているんだと強く感じた。

僕たち日本人は、身の回りで起きる出来事や、自分の生まれた場所を彼らのように誇れているだろうか。

誇りを持ち、自分らしい表現ができるようになれば、自然と自分に自信が持てるようになるだろう。新しいものだけじゃなく、昔から近くにあるようなものまで全部まとめて日本のすばらしさを認められたときに、僕たちは本当の意味で自分を認められるんじゃないかな。そうやって、この国に生まれた人としてのアイデンティティを確かめていきたい。

アイデンティティを失ったままで、自分の人生に幕を引きたくはない。

体の大きさとか、顔のカッコよさとか、スタイルのよさとか、能力の高さだけではからず、日本人としてのアイデンティティを大事にしていけたらいい。

だからといって「日本男児であれ」とか、「侍になれ」と言いたいわけではない。日本人であることを認める。日本人であることを誇る。**柔らかい和を重んじる性格で、礼儀正しく、そんなに図太くはないけど、しなやかですっと芯の通った——そんな人になりたいな**って思っている。それが僕の夢だ。

強運思考ポイント

誇りを持った、しなやかですっと芯の通った人でありたい

おわりに——僕がいま考えていること

湘南乃風は、僕にとって、学校とか部活みたいな場所だ。自分自身を成長させてくれたし、いろんな経験をさせてもらっている。本当に感謝しかない。

いま、こうして本を書けていることも、「歩くパワースポット」として活動できているのも、元をたどれば湘南乃風でやってこられたからだ。レッド、若旦那、ハンクンと一緒に活動を続けて、この先ももっといろいろな経験をさせてもらえるような関係でいたい。

アーティストとしての僕を応援してくれる人の中には、「歩くパワースポット」として活動している僕を見て、「あいつ何やっているの？」「強運だとか言い出している けど、ショックアイ大丈夫？」と思う人もいるだろう。

でも、10年前にゲッターズ飯田さんから「歩くパワースポット」と呼ばれたとき、素直にうれしくて、僕はその言葉をお守りにした。だからこそ、「歩くパワースポット」

という言葉と向き合って、自分の力で「歩くパワースポット」を真実にしていこうと思った。信じてくれる人のためにも、そして自分のためにも。それが、いまの僕にとっての最大の使命だ。

「歩くパワースポット」としてメディアに出て活動するようになってから、それまで10万人だったインスタグラムのフォロワーが50万人を超えた。新たに増えた約40万人のフォロワーが、「歩くパワースポット」としての僕に期待してくれていると思うと、自然と身が引き締まる。

僕の写真を待ち受けにした人から、「うちの子が受験に受かりました」「病気が治りました」みたいな報告をいただく。だからこそ、僕は、みんなが信じてくれた「歩くパワースポット」を守らなきゃいけない責任があると思っている。

その感覚は、湘南乃風で活動しているときにも感じていたことと一緒だ。湘南乃風がバカにされたら、僕らを応援してくれている人たちが悲しむ。だから「周りからバカにされないような活動をしなければいけない」と、ずっと戦い続けてきた。

想像を超える広がりを見せた「歩くパワースポット」は、湘南乃風と同じように、もはや僕だけのものではなくなっていった。人から求められたり、与えられた役割の中で責任を果たしたりするのが好きでよかった。喜んでくれる人がいることが僕のやりがいになった。

まずは神社に通うようになり、その様子をＳＮＳにアップしていった。そうしていると、初めて「歩くパワースポット」と呼ばれたときの気持ちを大事にできたし、その言葉に背を向けずに過ごせた。

インスタグラムのＤＭで送られてきた悩み相談に答え、本を書くことで、自分の意思を示した。

本を書いたのは、湘南乃風での僕と「歩くパワースポット」としての僕を自分の中で結び付けて整理したかったからだ。さらに、その整理した思いを、みんなに知ってもらいたかった。

２０１９年に1冊目『歩くパワースポットと呼ばれた僕の大切にしている小さな習慣』を出した後には、数か月間で僕に興味をもってくださった約60社からの取材をすべて受けて、1000本ノックみたいな感じで自分の思いを言葉にした。

取材を通じて、自分の中に隠れていた思いや、新たな気づきも引き出してもらえた。執筆から取材まで、一連の流れは訓練のような感じでもあった。でも、それが2冊目『歩くパワースポットと呼ばれた僕の大切にしている運気アップの習慣』や、3冊目にあたる本書につながった。

アーティストである僕が本を3冊書くことになるなんて、本当に人生はわからない。


2020年4月には、「歩くパワースポット」という言葉を信じてくれる人たちが、心のガードを下げてホッとできる場所を作りたくて、会員制のオンラインコミュニティも開設した。

「人の背中を押したい」と、最初に作ったのは、「SHOCK EYEのわくわく相談室」という名のフェイスブック上のコミュニティだ。ボイスレターでメッセージを届けたり、DMでやっていた悩み相談をこちらに移行したりしながら、コロナ禍のなか、毎日懸命に励んだ。

2020年11月からは、使いやすさや、つながりやすさを考えて、活動の場をインスタグラム上の「Ｓｈｒｉｎｅｇｒａｍ」に移行した。いまではありがたいことに、１０００人を超える規模での活動となっている。

僕の人生がこんな展開になるなんて、誰に想像できただろうか。

思い返してみると、子供の頃から、僕の人生は変化の連続だった。

ひとつの場所にとどまって、同じことに打ち込むすばらしさもあるけれど、世の中が激動する現代においては、それがうまくいかない場合がある。どうしても同じ場所に立ち続けたいなら、自分の信念や心の持ちようを変えなければいけないかもしれない。

一方で、立っている場所を変えることで、自分の心を変えずに済む場合がある。僕は、変化を前向きにとらえる生き方をしてきたおかげで、自分の心を保ち続けられた。

僕が貫いてきたのは、人を喜ばせることに夢中になる生き方。そして、目の前の人を大切にしていく考え方だ。

親を喜ばせたくて受験勉強したことも、友達に喜んでほしくてマイクを取り、ジャマイカに飛び込んだことも、湘南乃風での活動も、「歩くパワースポット」としての活動も、どんな場面でも僕は喜んでくれる人のために全力を注いできた。立っている場所がどんなに変わっても、自分の心は何も変わっていない。

10年後、20年後に、僕はさらに違う場所に立っているのかもしれない。だけどきっと、生き方や信念はずっと変わらないだろう。

自分の心を変えず、信念に背かないことが強運につながる。

僕はこれからも、いろいろな場所を移動しながら、自身の思考や信念を運び続けるだろう。

変化を恐れず行動し、変わらぬ思いを運び続けることが、僕自身の運気の源だと信じて。

2021年3月

湘南乃風　SHOCK EYE

参考文献／引用元

- 『ツキを呼ぶ言葉』桜井章一著、KADOKAWA
- 『十周年記念 横浜スタジアム伝説』湘南乃風出演、トイズファクトリー

［**著者**］
湘南乃風　SHOCK EYE（しょうなんのかぜ　ショックアイ）
1976年神奈川県生まれ。RED RICE、若旦那、HAN-KUNと共に「湘南乃風」を結成。ヒット曲「純恋歌」「睡蓮花」は幅広い世代で歌い継がれている。プロデューサーとしても、ハロー！プロジェクト、ジャニーズWEST、YouTuberのフィッシャーズなどへの楽曲提供を行う。近年では、インスタグラム上で会員限定のコンテンツ「Shrinegram」を運営するなど、音楽以外でも幅広い活動を行っている。著書に『歩くパワースポットと呼ばれた僕の大切にしている小さな習慣』『歩くパワースポットと呼ばれた僕の大切にしている運気アップの習慣』（共に講談社）がある。

湘南乃風オフィシャルHP
http://www.134r.com/

Instagram
@shockeye_official

Twitter
@SHOCK_EYE_

Shrinegram
https://shockeye.jp/

SHOCK EYEの強運思考

2021年３月31日　第１刷発行

著　者――湘南乃風　SHOCK EYE
発行所――ダイヤモンド社
〒150-8409　東京都渋谷区神宮前6-12-17
https://www.diamond.co.jp/
電話／03·5778·7233（編集）　03·5778·7240（販売）
装丁／口絵―鈴木大輔（ソウルデザイン）
カバー写真/口絵―菊地英二
本文デザイン―大谷昌稔
製作進行――ダイヤモンド・グラフィック社
印刷／製本―勇進印刷
編集協力――澤井一
編集担当――武井康一郎

ISBN 978-4-478-11286-1